Klaus Dalski

DIE BOMBE AUF DEM ZWIEBELMARKT

Ein Thüringer Kriminalist erzählt

Klaus Dalski

DIE BOMBE AUF DEM ZWIEBELMARKT

Ein Thüringer Kriminalist erzählt

Mit einem Vorwort von
Michael Kirchschlager

Arnstadt 2011

*Meinen lieben Enkeltöchtern
Loreen, Sonja und Alexia gewidmet*

Inhaltsverzeichnis

Vorwort 9
In der Höhle des Löwen 13
Die Frau von Lermontow 18
Der Grabstein des Großvaters 22
Der falsche Gutachter 27
Der Huckauf 31
Die Geldfalle schnappte zu 34
Saisonkriminalität 38
Kohle für die Liebe 45
Der perfekte Stempel 49
Leider fiel die Fahrt in den »Westen« aus 56
Macht Liebe blind? 62
Kaufrausch 67
Der Feuerteufel saß im Kistenlager 74
Von deutsch-chinesischen Beziehungen 77
Die Bombe auf dem Zwiebelmarkt 80
Ein brutaler Raub 90
Tödlicher Tiefflug 94
Eine unsinnige Fahrerflucht 98
Der zweite »Schuß« 102
Der Brudermord 109
Das Baby auf der Müllkippe 115
Mord im Gehege 121
Es sollte das perfekte Verbrechen werden 124
Das Verbrechen lauerte hinter dem »Nadelöhr« 128
Mit Schürze und Schere 133
Das verräterische Feuerzeug 138
Ein verhängnisvoller Brief aus der Heimat 141
Die Entführung aus der Kinderklinik 144
Tatort: Blockstelle 148

Dramatischer Frühlingsbeginn in Weimar *153*
Sascha hat die Nerven verloren *156*
Das Kind mit den Wachsaugen *159*
Der rote Peugeot *162*
Beweisstück Pornofilm *169*
Fragen an Klaus Dalski *175*

Danksagung *185*

Abbildungen *186*

Vorwort

Was kann das Buch eines Kriminalisten bewegen, der 26 Jahre lang Mörder, Vergewaltiger, Kinderschänder und andere Kriminelle zur Strecke gebracht hat? Diese Frage wurde mir mit jeder Lesung, die ich gemeinsam mit Klaus Dalski im Herbst 2010 und im Frühjahr 2011 vor über 1000 Zuhörern bestritt, beantwortet. Es bewegt Menschen. Bei unserer Lesung in Sömmerda konnten wir gemeinsam mit unseren Partnern, der Stadt- und Kreisbibliothek Sömmerda und der »Thüringer Allgemeinen«, hier besonders Bärbel Albold, der Familie eines Opfers helfen. Die Anteilnahme der zahlreichen Zuhörer ging Klaus Dalski und mir sehr nahe. Klaus Dalski sprach die Hoffnung aus, daß die zuständigen Behörden die Ermittlungen wieder aufnehmen, um den Täter auch nach über zwanzig Jahren noch zu überführen und seiner Strafe zuzuführen.

Die Resonanz auf den kleinen Band »Der Kopf in der Ilm« war überwältigend. Bei allen unseren Lesungen stießen wir auf interessierte Zuhörerinnen und Zuhörer. Unter ihnen waren zahlreiche ehemalige Kolleginnen und Kollegen des Kriminaloberrats a. D. Dalski. Der Redakteur der »TA Sondershausen« verglich uns beide mit Netzer und Delling, ein großes Kompliment. Mich als Inhaber eines kleinen Verlages freute es besonders, daß der ersten Auflage nach nur acht Wochen eine zweite folgen konnte. Klaus Dalski schaffte es als einziger Thüringer Autor nach über 20 Jahren auf die Sachbuch-Bestsellerliste der TA: Platz 2.

Nachdem nun »Der Kopf in der Ilm« vom Lesepublikum und von den Rezensenten positiv aufgenommen worden war, trat ich an Klaus Dalski mit der Bitte heran, über eine Fortsetzung nachzudenken. Mit Hilfe seiner ehemaligen Kollegen, von denen besonders Peter Schilling, Leiter der MUK, und Albert Peter, der langjährige Leiter K des VPKA Weimar, zu nennen sind, gelang es ihm, ein weiteres Buch mit Thüringer Kriminalfällen aus seiner Dienstzeit zu füllen. Erfahrungsgemäß kommt ein zweiter Band, wie auch ein zweiter Teil bei einem Kinofilm, meist schwächer daher, aber ich glaube, daß in diesem Fall auch der zweite an den Erfolg des ersten anknüpfen kann und er von gleich hohem Niveau ist.

Der ehemalige Leiter der Untersuchung holte in einzelnen Fällen Informationen bei einstigen Kollegen ein, von denen zwei bereits genannt worden. Andere wollten anonym bleiben.

Auch dieses Buch schrieb der ehemalige Kriminalist aus der Erinnerung heraus.

Klaus Dalski führt uns an grauenvolle Tatorte. Auf einer Müllkippe wird die Leiche eines Babys gefunden, auf einem Friedhof der Körper eines sexuell mißbrauchten und dann ermordeten Kindes. In einem dunklen Waldstück liegt die verscharrte Leiche einer jungen Frau. Die Kriminalisten um Klaus Dalski, darunter der Leiter der MUK, Peter Schilling, werden mit furchtbaren Verbrechen konfrontiert. Sie fassen gefühlskalte, verrohte Täter, die getrieben sind von perversesten Neigungen, wie etwa Günther V., der ein Baby aus der Kinderklinik entführte, um es sexuell aufs brutalste zu mißbrauchen. Nachdem sich dieses menschliche Scheusal an dem Kind vergangen hatte, legte er sein kleines Opfer in einen Karton und stellte diesen im Stadtpark ab. Wir stoßen auf einen Mann, dessen Bruder im Fall »Der Kopf in der Ilm« der Täter war. Auch er wurde zum brutalen Mörder. Dramatisch ist der Fall des geistig zurückgebliebenen Kindesmörders Herbert U., selbst noch ein halbes Kind, der in der Erzählung »Das Kind mit den Wachsaugen« beschrieben ist.

Nur wenige Menschen können sich noch an »Die Bombe auf dem Zwiebelmarkt« erinnern, unsere Titelgeschichte. Sie zeigt in aller Deutlichkeit, daß die zuständigen Behörden der DDR bei »Bombenanschlägen« und ähnlichen Störungen der öffentlichen Sicherheit kein Pardon kannten.

Aber Klaus Dalski erzählt uns in seiner humorvollen Art und Weise auch wieder einige Geschichten, die uns schmunzeln lassen. So etwa, als ein gesuchter Dieb ausgerechnet bei ihm zu Hause Unterschlupf sucht, oder als der Autor als Gutachter in Erscheinung tritt und Kleinkriminelle zur Verzweiflung bringt. Zum Schluß beantwortet der erfahrene Kriminalist wieder einige Fragen und gibt einige seiner besten Witze preis. Um die Arbeit der Kriminalisten zu illustrieren, fügten wir am Ende Abbildungen an.

Ich freue mich schon auf die kommenden Lesungen mit Kriminaloberrat a. D. Klaus Dalski und wünsche Ihnen, geschätzte Leserschaft, spannende und nachdenkliche Momente mit diesem zweiten Buch. Dem Autor danke ich erneut für seine Mühen, seiner Frau dagegen für die altbekannte hervorragende Bewirtung während der Redaktionssitzungen. Dank gebührt ebenso Wolfgang Krüger (Celle) für die kritische Durchsicht des Manuskriptes sowie dem Stadtarchiv Weimar für die Genehmigung, Fotos für das Cover zu verwenden.

Michael Kirchschlager,
im Juli 2011

Kriminaloberrat a. D. Klaus Dalski, Foto von 1990

IN DER HÖHLE DES LÖWEN

Mein Familienleben verlief bis auf den heutigen Tag sehr harmonisch, wenngleich meine Frau oft, ja so manches Mal viele Tage von mir getrennt war. Kapitalverbrechen wie Mord und Brandstiftung forderten meine ganze Person. Oft mußten Einsatzgruppen und erweiterte Mordkommissionen gebildet werden, die rund um die Uhr arbeiteten und angeleitet wurden.

Nun komme ich nicht umhin, im zweiten Band auf Wunsch des Verlegers mit einer etwas skurrilen Geschichte aus meinem Familienleben zu beginnen, und obwohl ich meine Familie immer aus der kriminalistischen Arbeit herauszuhalten versuchte, gelang dies doch nicht immer.

Meine Frau war fast ihr gesamtes Berufsleben an einer Sonderschule für lernbehinderte Kinder in Weimar als Lehrerin tätig. Damals nannte man diese Schulen noch Hilfsschulen.

Das hört sich zwar nach unserem heutigen Verständnis abwertend an, aber das kleine Wörtchen »helfen«, das im Wort »Hilfsschule« steckt, wurde an dieser Schule wirklich großgeschrieben.

Ich habe und hatte schon immer großen Respekt vor der Arbeit dieser Pädagogen. Die Kinder wurden vom Kindergarten über die achtjährige Grundschule bis zu einer Berufsausbildung geführt, und noch heute freuen wir uns über viele ehemalige Schülerinnen und Schüler, die tüchtige Menschen wurden.

Ich kannte vor allem während meiner Weimarer Kriminalistenjahre die meisten Schüler meiner Frau durch gemeinsame Urlaubsfahrten während der Ferien – aber auch leider manche Familien durch meinen Beruf.

Die Kinder interessierten sich sehr für meine Arbeit, und besonders die Jungen waren stolz, wenn wir gemeinsam Spuren begutachteten oder kleine kriminalistische Rätsel lösten. Zu jeder Zeit versuchten wir, durch Lob und Anerkennung, aber auch durch Konsequenz ihr Vertrauen und ihren Respekt zu gewinnen. Ich habe nie bereut, daß ich mehrere Jahre die Hälfte meines Urlaubs mit diesen Schülern verbracht habe.

Anfang der 70er Jahre führte meine Frau eine achte Klasse – eine, wie die Lehrer sagten, schwierige Klasse, in der sich auch Konny befand.

Konny war in den naturwissenschaftlichen Fächern absolut eingeschränkt. Er konnte aber gut lesen, und vor allem hatte er die Gabe sein Verhalten der jeweiligen Situation anzupassen. Ins Gesicht höflich, aber auf der anderen Seite mit einer großen Portion Verschlagenheit und Hinterlist ausgerüstet.

Mit meiner Frau verstand er sich sehr gut. Sie war oft bei seiner Mutter, die unter dem »zweiten Gesicht« ihres Sohnes besonders zu leiden hatte.

Mit zunehmendem Alter begann Konnys kriminelle Laufbahn. Bereits mit 15 Jahren hatte er über 20 Einbrüche in Bürobaracken, Gartenlauben und anderen Einrichtungen verübt.

Konny war ein kräftiger Junge, neigte aber zum Jähzorn und Gewaltausbrüchen. Andere Schüler litten unter seiner Art und machten lieber einen Bogen um ihn. Heute würde man sagen, er mobbte seine Mitschüler und bedrohte sie.

Die Schule besuchte er nur noch sporadisch. Da die Eltern nicht mehr weiterwußten, willigten sie ein, daß die staatlichen Stellen Konny in eine Heimeinrichtung der Jugendhilfe einwiesen. Doch auch dort gelang es nicht, sein Verhalten zu ändern. Jegliche Versuche, den gefährlichen Jugendlichen zu sozialisieren, mißlangen.

Trotzdem erhielt er dort eine Teilberufsausbildung, mit der er bereits im Heimatort begonnen hatte. Meine Frau unterhielt mit ihm einen losen Briefkontakt. Die Verbindung riß während dieser Zeit nie ganz ab.

Eines Tages erreichte mich eine Fahndungsmeldung. Konny war aus dem Heim abgängig. Aus dem Büro des Heimleiters hatte er noch 30 Mark geklaut. Natürlich wurden die Fahndungsmaßnahmen in erster Linie auf Weimar, Konnys Heimatort, ausgerichtet.

Nach zwei Tagen wurden Einbrüche gemeldet, die die »Handschrift« des Gesuchten trugen. Immer wieder handelte es sich um gewaltsames Eindringen in Objekte, verbunden mit hohem Sachschaden. Vordergründig stahl der Täter in Gartenhäusern Nahrungsmittel und alkoholische Getränke. Es war an den deutlich hinterlassenen Spuren für uns leicht erkennbar, wo der Täter die Nächte verbracht hatte. Gegenstände wie ein Kompaß, ein altes Radio, Bekleidungsstücke aus anderen Einbruchshandlungen wurden vorgefunden.

War der Täter wirklich Konny?

Zeugen oder andere Hinweise gab es nicht. Wir konnten weder Fingerabdrücke noch Handschuhspuren sichern.

War der Täter durch daktyloskopische Spuren schon einmal überführt worden? Offensichtlich. Bei Konny wußten wir das! Hatte er dazugelernt?

Nach einem langen Arbeitstag schlich ich völlig übermüdet nach Hause. Den ganzen Tag dachte ich auch an meine Frau, die unter einer Erkältungskrankheit litt.

»Wo kommst du denn jetzt erst wieder her?« fragte sie mich mit einem Blick, in dem immer eine gewisse Besorgnis zu spüren war.

»Ich habe einen deiner Lieblingsschüler gesucht, der vor drei Tagen aus dem Heim abgehauen ist.«

»Meinst du Konny?« fragte sie überrascht. »Den brauchst du doch nicht zu suchen. Der hat doch Urlaub vom Heimleiter bekommen.«
»Wieso? Woher weißt du das?« stammelte ich verdutzt.
Nun kam der Hammer! Meine Frau erzählte mir, daß es gegen 15 Uhr an der Haustür klingelte. Vor ihr stand Konny als ein ungeladener Gast. Mit einem Blumenstrauß bedankte er sich bei meiner Frau für die sehr gute schulische Betreuung und übermittelte schöne Grüße vom Heimleiter.
Er trank mit meiner Frau Kaffee, schlug tüchtig beim Kuchenessen zu und wollte gegen 17 Uhr wieder gehen. Das war meine eigentliche Feierabendzeit. Er erkundigte sich noch nach der Ruine des Museums am damaligen Karl-Marx-Platz, wünschte meiner Frau gute Besserung und vergaß nicht, liebe Grüße an mich auszurichten, bevor er verschwand.
Die Müdigkeit war verflogen, mein Adrenalinspiegel stieg, Hunger hatte ich auch nicht mehr.
In die Schuhe schlüpfte ich schneller als sonst, Mantel an, und schon war ich weg. Es war ein sehr kalter Januar.
Warum hatte er sich nach dem Museum erkundigt? fragte ich mich. Zu holen war dort nichts. Außer wilden Tauben hielt sich dort keiner auf.
Die Heizungsrohre zur Karl-Marx-Schule, in der ich vier Jahre als stellvertretender Direktor tätig war, verliefen direkt durch diese Ruine. Sie spendeten etwas Wärme. Sollte sich Konny dahin zurückgezogen haben?
Ganz allein begab ich mich zu diesem Gebäude. Auf leisen Sohlen betrat ich das Innere, das wie ein Schacht aussah. In einer Ecke hörte ich verdächtiges Rascheln. Ratten oder etwa Konny? Das war die Frage.
Es war Konny, und der Strahl meiner Taschenlampe traf genau sein Gesicht. Irgendwie schien er sogar dankbar, daß

ich ihn gefunden hatte. Er wurde vorläufig festgenommen und zwei Tage später wieder ins Heim gebracht. Jetzt ist er über 50 Jahre alt und hat mehrere Haftstrafen verbüßt.

Immer wenn er in der Stadt mit seinen Saufkumpanen an ganz bestimmten Stellen anzutreffen war und meine Frau und mich sah, warf er demonstrativ seine halbvolle Bierflasche weg. Er wollte nicht zeigen, daß der Teufel Alkohol sein Leben bestimmte und aller Wahrscheinlichkeit nach beenden würde.

In den letzten zwei Jahren sahen wir ihn nicht mehr.

DIE FRAU VON LERMONTOW

Sicherlich wird diese Geschichte vor allem bei der etwas älteren Generation in meiner Heimatstadt Weimar ein Lächeln aufs Gesicht zaubern. Wer kannte und liebte sie damals nicht, unsere Weimarer Originale! Und mal ehrlich, solange nicht Herabwürdigung oder Spott Anlaß des Lachens ist, sondern ein »Du gehörst zu uns und unserer Stadt«, ist ein Lächeln nicht böse zu nennen.

Wer wurde nicht gleich etwas fröhlicher, wenn Herr Schiller höchstpersönlich mit Schillerlocken und Zopf, den typischen Dreispitz auf dem Kopf, in abgeschabtem Samtwams und weißem, sagen wir, leicht angegrautem, Rüschenhemd durch Weimar gemächlich mit Spazierstock und einem alten Buch unter dem Arm wanderte?

Wie viele Teenager damaliger Zeit ließen sich von »Mette«, wie er genannt wurde, auf einer Parkbank aus dem Händchen lesen? Meine Damen, erinnern Sie sich? Oder wer von uns Studenten freute sich nicht, wenn »Hipp-Marie«, eine ehemalige Tänzerin, ausgerechnet eine kernige Erste-Mai-Ansprache auf dem Goetheplatz mit kleinen grazilen Sprüngen belebte. Der Redner glaubt vielleicht heute noch, daß es seine Rede war, die so wunderbar beim Publikum ankam.

Wer wunderte sich nicht, wenn der fast blinde Handwagenfahrer an der Post seine zwei Brillen abnahm, um nach der Zeit auf der Uhr zu schauen?

Von allen unvergessenen der stets freundliche, fleißige und hilfsbereite Hans B., ein Gedächtniswunder vor dem Herrn. Lebte er noch, würde Thomas Gottschalk erblassen. Nannte man Hans ein Geburtstagsdatum, konnte er sofort den dazugehörigen Wochentag benennen. Aber damit nicht genug! Er wußte sogar, was an diesem Tag im Nationaltheater aufgeführt wurde und was die Sängerin getragen hatte. Seine Aussagen wurden überprüft, sie hielten allen Anzweiflungen stand.

Unser Denkmal an diese außergewöhnlichen Menschen ist noch heute unser Lächeln, wenn wir von ihnen sprechen.

Wenn jemand glaubt, im »realexistierenden« DDR-Sozialismus waren zumindest adlige Marotten ausgestorben, dann irrt er. Dort, wo sich heute in Weimar die neue Polizeiinspektion befindet, stand früher das Krankenhaus am Kirschberg. Dahinter verlief ein steiler Anweg, die »Gänsegurgel«. Am Anfang des Weges befand sich damals ein Altersheim.

Eines Tages bekamen wir von einer gewissen Frau von Lermontow, einer sehr alten Dame russischer Abstammung, eine Anzeige auf den Tisch. Frau von Lermontow gab an, daß man Schmuck und Bargeld aus dem Zimmer ihres Heimes gestohlen habe und daß wir uns schleunigst um den impertinenten Dieb zu kümmern hätten.

Mein Kollege, Erhard F., der intuitiv mit Menschen gut umgehen konnte (siehe »Mit Schürze und Schere«), bekam den Auftrag, die ältere Dame von Adel im Heim aufzusuchen.

Als er vor ihrem Zimmer stand, klopfte er vorsichtig an die Tür.

»Komm Er herein!« erklang eine ältere Damenstimme hinter der Tür.

Darauf betrat Erhard F. das Zimmer. Frau von Lermontow saß auf einer Couch hinter einem kleinen Tisch. Davor stand ein breiter Sessel, der von der gleichen Art war wie das Sofa. Als sein Blick diesen traf, wollte er sich gerade der Frau von Lermontow gegenüber hinsetzen, als sie anhob:

»Bleibe Er stehen! Hat Er nicht gelernt, eine Aufforderung abzuwarten?«
Kriminalist Erhard F. grüßte nun seinerseits zackig und nannte seinen Namen.
»Spreche Er lauter!« forderte daraufhin Frau von Lermontow.
Nun wiederholte er seinen Spruch in militärischer Lautstärke.
Darauf sie: »Schrei Er nicht so! Nenne Er seinen Dienstrang!«
Wieder versuchte unser Kollege sein Möglichstes.
»Leutnant der K, Erhard F.«
»Gut.«
Nun durfte er sich rühren und sich in den Sessel setzen. Höflich bat er Frau von Lermontow, ihre Anzeige zu erläutern. Sie erzählte, daß sie über diversen Familienschmuck und einiges Geld verfügte und dies alles aus begreiflichen Gründen im Kleiderschrank unter den Sachen verborgen hatte. Mit einem Male aber war alles verschwunden.

Noch ehe der Kriminalist ein Fazit ziehen konnte, präsentierte Frau von Lermontow auch schon die Täterin.
»Verhafte Er sofort die Putzfrau! Eine Person mit ewigen Widerworten und falschem Blick.«

Leutnant Erhard F. stand in diesem Moment vor der schweren Aufgabe, der Frau von Lermontow erklären zu müssen, daß zuerst einmal im Beisein der Heimleitung eine gründliche Durchsuchung des Zimmers stattzufinden habe. Gnädig gewährte sie nach einigem Hin und Her die Durchsuchung ihres Zimmers mit den Worten: »Wage Er aber nicht, mein Zimmer in Unordnung zu bringen!«

Es dauerte nicht lange und man wurde fündig.
Tief in den Seitenspalten des Sofas und des Sessels kamen Ketten, Ringe und Geldscheine zum Vorschein. Das

hinderte Frau von Lermontow jedoch nicht an der Feststellung: »Also dort hat diese renitente Person alles versteckt!«
Es wäre zwecklos gewesen, ihr nachzuweisen, daß sie wohl selber die Verstecke ausgesucht hatte.
Für unseren Kollegen Erhard F. fand sie allerdings ein herrschaftliches Lob: »Er hat gute Arbeit geleistet!«
Leider führte dieses Lob für ihn zu einem Nachspiel.
Noch lange mußte er sich früh morgens in den Dienststuben mit Sprüchen wie »Hat Er gut geschlafen?« oder »Setze Er sich hin!« begrüßen lassen.
Natürlich blieb die ganze Sache ohne strafrechtliche Folgen.

Unser geschätzter Kollege Erhard F. ist leider in diesem Jahr verstorben.

DER GRABSTEIN DES GROSSVATERS

Friedhöfe tragen ihre Namen wirklich zu Recht. Frieden finden, in Frieden ruhen und den Angehörigen und Freunden die Möglichkeit geben, der Verstorbenen zu gedenken, ja zum Teil sich gedanklich mit ihnen zu unterhalten, sie um Rat zu fragen und so weiter. Daher sind solche Orte besonders zu schützen.

Die gegebene Stille und Friedlichkeit wird täglich von Leuten gesucht. Wer hat sich nicht schon einmal Grabsteine angesehen, die Lebensdaten der Verstorbenen nachgerechnet oder die sehr bewegenden Sprüche auf sich einwirken lassen?

Ich kann mich dabei nicht ausschließen. Besonders emotional sprechen mich Grabstätten von Kindern an. Warum mußten sie schon so frühzeitig aus dem Leben scheiden?

In einem Dorf bei Weimar befand sich der Friedhof, wie so oft, am Rand des Ortes auf einer kleinen Anhöhe, von Wiesen umgeben. Die teilweise sehr alten Grabsteine erinnerten nicht nur an die Verstorbenen, sondern stellten mitunter Statussymbole der jeweiligen Familien dar.

Im Herbst 1970 erhielt ich während eines Kriminaldauerdienstes den Anruf, daß auf dem Friedhof des Dorfes zehn Grabsteine umgeworfen worden waren. Ein Grabstein von etwa 100 Kilogramm Gewicht war sogar verschwunden.

Bereits durch diese Meldung zog ich den Einsatz eines unserer Fährtenhunde in Erwägung. Der Fährtenhundeführer war gleichzeitig ausgebildeter Kriminaltechniker. Ich ließ ihn zur Dienststelle holen, erklärte den Sachverhalt und ab ging es zum Friedhof des relativ großen Dorfes.

Unser Einsatzfahrzeug war ein Trabant Kombi, den ich schon in meinem ersten Buch »Der Kopf in der Ilm« beschrieben habe. Vorn saßen wir zwei Kriminalisten, auf dem breiten Rücksitz türmten sich in abenteuerlicher Weise die kriminaltechnischen Ausrüstungsgegenstände wie Einsatztaschen, Fotomittel, Absperrelemente, und im hinteren Teil, durch ein Netz getrennt, thronte die Fährtenhündin Dina.

Auf dem Friedhof angekommen, stellten wir fest, daß die umgeworfenen Grabsteine zwei Reihen bildeten.

Einer fehlte!

In der zweiten Reihe war nur ein Stein stehengeblieben. Auf die Stelle des fehlenden Steines wurde Dina »angesetzt«. Sie nahm die Fährte auf, und als sei sie durch diese Aufgabe gelangweilt, lief sie zielsicher zum Abfallplatz des Friedhofes und verbellte ihren Erfolg. Dort lag der fehlende Grabstein.

Wir ließen ihn zuerst einmal liegen, setzten uns auf eine Bank und rauchten eine Zigarette der Marke »Jubilär«. Sie war natürlich ohne Filter. Zigaretten mit Filter gab es erst später. Ich glaube, es war die Sorte »Inka«. Während wir beide genüßlich an den Zigaretten zogen und das weitere Vorgehen absprachen, in der natürlich die Familie des Verstorbenen, dessen Grabstein stehengeblieben war, eine wichtige Rolle spielte, wurde Dina unruhig.

Sie setzte sich auf und knurrte leise. Da sahen wir, wie ein Mann das Friedhofsgelände betrat. Er war Mitte 30, etwas untersetzt, aber recht muskulös. Er trug eine »Kombi« als Arbeitskleidung. Gesehen oder bemerkt hatte er uns nicht.

Flotten Schrittes begab er sich in eine Gräberreihe und begann, mit tollem Schwung die Grabsteine umzustoßen.

Wir trauten unseren Augen nicht!

Der Täter befand sich mit uns gemeinsam auf dem Friedhofsgelände. Laut schrie ich »Halt!«, als er wieder einen Stein umwerfen wollte. Doch anstatt zu fliehen, wie das wohl jeder Täter getan hätte, rannte er nicht weg, sondern kam auf uns zu! Respektvoll betrachtete er Dina – nicht uns.

»Wer seid ihr denn?« fragte er, mit einem eigenartigen Flackern in den Augen. Der Mann schien psychisch gestört zu sein. Ich stellte mich als Bürgermeister von Weimar vor, warum, weiß ich bis heute nicht, aber ich konnte mich des Eindrucks nicht erwehren, daß das Wort »Kriminalpolizei« bei ihm zu aggressiven Handlungen geführt hätte.

»Wir wollten nur, daß alles wieder in Ordnung kommt«, sagte ich und fragte, wo der fehlende Grabstein sei.

»Dann kommen Sie mal mit, Herr Bürgermeister«, antwortete er und ging zum Kompostverschlag, der auf jedem Friedhof zu finden ist.

»Dort ist er!« Und mit diesen Worten zeigte er auf das fehlende Objekt.

Das war Täterwissen. Dabei beeindruckte ihn das relativ große Gewicht des Steines nicht im mindesten. Er ging wie ein Ringkämpfer auf die Knie, umgriff den Stein mit beiden Händen, hob ihn mit beeindruckender Leichtigkeit auf die Schulter, stand auf und trug ihn zu seinem eigentlichen Standort zurück.

Alsdann »ließ« er sich über die Zustände im Dorf aus. Zu den Kühen käme nur der »Rucksackbulle« (gemeint war der künstliche Besamer) und alles wäre »gemein«. »Die« bauten nur Bäume an und pflanzten immer neue.

»Ich habe alle jungen Bäumchen umgeknickt oder aus der Erde gezogen«, sagte er. Das wunderte uns angesichts seiner Kraftdarbietung nicht.

Es war eindeutig, daß er geistig nicht normal war. Auf die Frage, warum er die Grabsteine umgeworfen habe, antwortete er, daß die Familien der Verstorbenen »auch schuld an dem Ganzen haben«.

Eigentlich war sein geistiger Zustand bedauerlich, aber wenn er in Wut geriet, war er unberechenbar und eher beängstigend.

Nachdem er uns seinen Namen genannt hatte, er hieß Heinrich U. und wohnte in einem Häuschen mit seiner Mutter zusammen, wollte er wieder gehen. Ich forderte ihn auf, noch etwas zu bleiben.

Das laute Knurren der Schäferhündin Dina unterstützte mich, und er blieb wie angewurzelt stehen. Natürlich sollte uns Heinrich erklären, warum er in der zweiten Reihe einen Grabstein stehengelassen hatte.

»Das ist der Grabstein meines Opas«, gab er uns zu verstehen, »er war ein guter Mensch. Hier hat er seine letzte Ruhestätte gefunden.«

Seinen Großvater liebte er offensichtlich, und trotz seines geistigen Zustandes hatte er nur gute Erinnerungen an ihn. Dann entfernte er sich einfach vom Friedhof.

Was sollten wir mit solch einem eigentlich bedauernswerten Menschen machen? Wir begaben uns zum Bürgermeister. Dieser erklärte, daß Heinrich schon öfter in der geschlossenen Nervenklinik in Pfaffenroda bei Mühlhausen untergebracht war. Hatte er sich selbst wieder gesundheitlich durch die Behandlung im »Griff«, wurde er nach Hause entlassen. Aber immer wieder rastete er nach einigen Wochen aus. Einmal schlug er aus unerklärlichen Gründen seine Mutter, die erhebliche Verletzungen davontrug. Auch mit der Axt hatte er sie schon bedroht.

Für uns war nun klar, daß Heinrich sich wieder in einer solch gefährlichen Phase befand, in der ein Klinikaufenthalt unumgänglich schien. Für seine Straftaten wie Störung der Totenruhe und Sachbeschädigung war er nicht schuldfähig.

Wir fuhren noch einmal zu ihm nach Hause und wollten

ihn überzeugen, daß er einem Arzt vorgestellt werden müsse und er mit uns mitfahren könne. Das lehnte er ab.

Es blieb uns gar nichts anderes übrig, als wieder zur Dienststelle zurückzufahren. Von dort aus verständigte ich behandelnde Ärzte. Sie kannten Heinrich U. und baten um polizeiliche Unterstützung bei der Zuführung. Der Mann sollte beruhigt werden, um dann nach Mühlhausen gebracht zu werden. Doch sowohl Ärzte als auch Kriminalisten verspürten große »Bauchschmerzen«. Im Zuge der Planung der Zuführung kam ich auf folgende Idee.

Wie hatte ich mich vorgestellt? Als »Bürgermeister von Weimar«. Daraus entwickelte ich den Plan, ihn zu einem Gespräch einzuladen.

Ich fuhr allein zu Heinrich, klingelte und wurde eingelassen.

»Hallo, Herr Bürgermeister«, begrüßte er mich freundlich.

In unserem Gespräch lud ich ihn zu einer mehrtägigen Besichtigung von Weimar ein, worauf er sich freute und anstandslos seinen Koffer packte. Heinrichs Mutter ging auf den Schwindel ein und wünschte mir und ihrem Sohn alles Gute. Ich fuhr ihn direkt zur Klinik und übergab ihn den Ärzten.

Es ist einfach tragisch, wenn sich solche Menschen in ihren geistigen Verwirrnissen verfangen und dadurch eine Gefahr bilden. Heinrich U. bleibt unberechenbar, aber auch bedauernswert.

Der falsche Gutachter

Die An- und Verkaufsgeschäfte in der DDR waren dafür geeignet, individuelle und spezielle Gegenstände zu erwerben, aber auch um die verschiedensten Dinge zu verkaufen. Von Trinkgläsern, Vasen, Kaffeeservices, Bildern, Bekleidung, Kleinmöbeln bis hin zu alten Medaillen und Münzen reichte die Palette. Zu den Besonderheiten zählten Schmuck, wie Uhren, Ringe, Ketten und goldene Anhänger.

Im Laufe der Jahre wurden die Kunden immer mehr fündig. Dabei spielten die Angehörigen der sowjetischen Streitkräfte, also von Offiziersfamilien, eine besondere Rolle. Wunderbar gearbeitete und filigran geschliffene, mit verschiedenen Mustern gravierte Eßbesteckkästen und sehr üppig mit Gold versehener Schmuck tauchten plötzlich auf. Die Reihen der Matroschkapuppen, die man auf Grund ihrer Größe ineinanderschachteln konnte, wurden mehr oder weniger in den Hintergrund verdrängt.

Jeder, der etwas zum An- und Verkaufsgeschäft brachte, mußte seine Personalien angeben und die Herkunft der Gegenstände benennen. Die Kriminalpolizei hatte Zugriff auf diese Unterlagen und verglich die einzelnen Posten mit den gesuchten Gegenständen, die vorwiegend aus Diebstählen, Einbruchshandlungen, Betrügereien und so weiter stammten, mit dem Inhalt der Fachfahndungsbücher. Eine Reihe von Diebesgut wurde zum Verkauf angeboten, und daher konnten etliche Straftaten geklärt werden.

Nun aber zum eigentlichen Fall: Es war 1972 und ich war noch in Weimar als Kriminalist tätig, als die Leiterin des An- und Verkaufsgeschäftes uns informierte, daß zwei junge Männer mehrere Schmuckgegenstände zum Verkauf angeboten hatten. Der eine von ihnen erzählte, daß seine

Oma verstorben und er durch das Erbe in den Besitz des Schmuckes gekommen sei. Da er dringend Geld brauche und den Wert der vier Ringe, sechs Halsketten, einiger Anhänger sowie mehrerer Uhren nicht einschätzen könne, verlangte er einen sehr niedrigen Preis.

»Geben Sie mir einfach 200 Mark. Damit bin ich zufrieden«, sagte er.

Das kam der erfahrenen Leiterin dieses Geschäftes nicht geheuer vor. Daher machte sie folgenden Vorschlag: Der gesamte Schmuck bleibe zunächst im Geschäft. Zwei Tage später solle ein Gutachter kommen, der den wahren Wert benennen könne. Am dritten Tag sollten die jungen Männer wiederkommen, um den realen Kaufpreis in Empfang zu nehmen.

»200 Mark«, erklärte sie den Männern, »sind für den Schmuck viel zu wenig.«

Das überzeugte die beiden. Mit strahlenden Gesichtern verließen sie die An- und Verkaufsstelle, auf ein hübsches Sümmchen hoffend. Als wir die angebotenen Schmuckstücke in Augenschein nahmen, erkannten wir, daß sie einer älteren Dame aus der Wohnung gestohlen worden waren. Die Tatzeit des Einbruchs respektive des Diebstahls konnte die ältere Frau nicht benennen, da sie nicht täglich überprüfte, ob ihr Schmuck sich noch in dem Kästchen befand, das im Kleidungsschrank stand. Ihre Tochter entdeckte den Verlust und erstattete die Anzeige.

Wie aber sind die oder der Täter in die Wohnung gekommen? Es wurden keine Einbruchsspuren festgestellt. Die Untersuchung des Türschlosses ergab, daß die Wohnungstür nur mit Originalschlüsseln geöffnet beziehungsweise geschlossen werden konnte. Also wer besaß einen Originalschlüssel? Nur die Geschädigte selbst und ihre Tochter.

Diese hatte einen 17jährigen Sohn Stephan, von dessen

Freund Fred (ebenfalls 17 Jahre alt) vor einigen Monaten die Oma verstorben war. Stephan hatte auch seine Personalien im An- und Verkauf angegeben. Die Anschrift der verstorbenen Oma verlegte er in den hohen Norden. Wir wollten nun den vermutlichen Einbruch schnell klären. Zum abgesprochenen Termin saß ich im An- und Verkaufsgeschäft. Ein zweiter Kriminalist versteckte sich hinter einem Vorhang.

Ich wurde nun zum »Gutachter Dr. Dalski«. Die Leiterin des An- und Verkaufsgeschäftes rüstete mich mit einer speziellen Vergrößerungslupe aus, die ich ins Auge klemmte, um dadurch den Schmuck besser bewerten zu können. Ich hatte mich auf meine Rolle recht gut vorbereitet. Mit einigen eiligst erlernten Fachausdrücken versuchte ich, die beiden jungen Männer von meiner Fachkompetenz zu überzeugen. Dann »bewertete« ich eine außergewöhnliche Brosche.

»Hierbei handelt es sich um ein besonders wertvolles Unikat«, erklärte ich, die beiden jungen Männer mit scharfem Blick musternd, »da in der 555er Goldfassung ein Saphir eingearbeitet ist. Der Wert dieser Brosche ist unschätzbar hoch«.

Die jungen Männer wurden unruhig.

»Wo hat Ihre verstorbene Oma denn dieses wunderbare Stück her?« wollte ich wissen.

Der Enkel rutschte nervös auf seinem Stuhl hin und her.

Anfänglich erzählte er mir mit gesenktem Kopf die unglaublichsten Geschichten. Doch Lügen haben kurze Beine, und er verfing sich bald in einem einzigen Geflecht von Unwahrheiten. Schließlich gab der junge Mann mit rotem Kopf zu, daß seine Angaben nicht stimmten.

»Ach, Herr Dalski, ich habe Sie erkannt«, sagte er kleinlaut.

»Sie wissen doch bereits, daß wir das Zeug geklaut haben, oder?«

Ich nahm das Vergrößerungsglas vom Auge und sah den Burschen streng an.

»Natürlich weiß ich das! Glaubt ihr, man kann die Kriminalpolizei so einfach hinters Licht führen?«

Die beiden schüttelten reuevoll die Köpfe.

»Dann erzählt mal, wie ihr das Ding gedreht habt!«

Daraufhin legte Stephan folgendes Geständnis ab:

»Fred und ich beschlossen eines Tages, ein bißchen unsere Knete aufzubessern. Heimlich nahm ich den Schlüssel meiner Mutter für Omas Wohnung weg. Als Omi für einen Stadtgang das Haus verließ, gingen wir in die Wohnung. Eigentlich lag in dem Kästchen immer Bargeld, aber diesmal war Ebbe. Kein einziger Schein, nicht mal ein Zehnmarkstück. Also griffen wir uns den Schmuck. Den Rest kennen Sie ja.«

Zur Verschleierung des Diebstahls mußte Freds tote Oma herhalten. Doch es half nichts, die Straftat flog auf. Die bestohlene Oma erhielt ihr Eigentum zurück. Als Dankeschön wollte sie der Leiterin des Geschäftes einen Ring schenken. Diese lehnte ab und gab nur ihrer Freude, geholfen zu haben, Ausdruck. Eine tolle Geste!

Gegen ihren Enkelsohn wollte die Bestohlene keinen Strafantrag stellen. Was aber sollte mit Fred geschehen? Beide wurden getadelt. In ihrem Betrieb fand eine erzieherische Aussprache statt. Die beiden Diebe haben sich bei Stephans Oma entschuldigt. Als Wiedergutmachung erledigten sie über einen längeren Zeitraum Einkäufe, trugen Kohlen in die Wohnung oder fegten die Straße.

Der Huckauf

Ende der 60er Jahre gingen im Volkspolizei-Kreisamt Weimar recht eigentümliche Anzeigen ein. Höchstwahrscheinlich sprang ein Sexualtäter – heutigentags »Sextäter« genannt – ahnungslosen Damen von hinten auf den Rücken, klammerte sich eine Zeitlang fest und verschwand dann ohne besondere Gewaltanwendung. Meist war der Schock der Frauen über den erlittenen Schreck größer als der angerichtete Schaden. Nachdem einige Frauen ihre Anzeige erstattet hatten und wir der ominösen Geschichte auf den Grund gingen, kristallisierte sich Folgendes heraus.

Unser »Anspringer« hatte es nur auf Damen abgesehen, die eine damals sogenannte »Natoplane« trugen. Dies waren, um auch meine jüngeren Leser aufzuklären, Nylonfasermäntel, meist in Dunkelblau, aber auch in anderen Farbnuancen gehalten, die uns unsere lieben Verwandten aus dem Westen schickten. In der DDR wurden sie meines Wissens, aber ich kann mich auch täuschen, nicht hergestellt.

So eine »Natoplane« zu besitzen, war der Stolz vieler Menschen. Der Regen perlte ab, der Wind ging kaum durch (sprich sie war nicht atmungsaktiv), und man konnte jeden Schmutzfleck mit einem feuchten Abwisch entfernen. Und nun das Schönste – sie raschelte bei jedem Schritt. Ja, was des einen sein modischer Schick war, erweckte bei anderen sexuelle Phantasien und regte zu groteskem »Huckepack« an.

In Thüringen ist der »Huckauf« als Sagenfigur bekannt. Ein merkwürdiger Vertreter dieser Spezies findet sich inmitten der Arnstädter Altstadt neben einem Kinderspielplatz, wobei anzumerken ist, daß der »Huckauf« in früheren Zeiten vornehmlich betrunkenen Männern auf dem Heimweg »aufhuckte«. Hier aber hatte er es offensichtlich nur auf Frauen abgesehen.

Ich gebe zu, daß wir Kriminalisten zunächst schmunzelten, aber als sich die Anzeigen häuften, einige Frauen sogar über zerrissene Mäntel klagten und die Versicherung in Anspruch nahmen, mußten wir zur Tat schreiten.

Nun wurde die Bevölkerung zur Mithilfe bei der Suche nach dem mysteriösen Aufspringer aufgerufen. Die »besprungenen« Frauen hatten ihn kaum gesehen, aber nach der Sprungkraft zu urteilen, mußte er noch relativ jung und nicht überaus groß sein. Jede Frau konnte sein Gewicht ohne Bruch der Wirbelsäule oder anderer Verletzungen tragen.

Eines Tages meldete sich eine Frau, die bemerkt haben wollte, wie ein zirka 40jähriger Mann sich beim Anstehen in einem Geschäft immer ganz dicht an sie drängte. Da es ihr unangenehm war, habe sie den Laden verlassen. Sie konnte den Mann gut beschreiben und glaubte sogar zu wissen, in welcher Gegend er wohnte.

Nun wurde in diesem Umfeld ermittelt, und die Frau erkannte den Mann tatsächlich wieder. Natürlich bewies das Drängeln noch nichts, aber die Frau gab an, am besagten Tag die gute »Natoplane« getragen zu haben.

War dieser Mann der »Huckauf«?

Wir beschlossen, ihn zu observieren.

Eines Tages verließ er gegen 21 Uhr seine Wohnung. Er stellte sich auf den Goetheplatz und tat so, als warte er auf einen Bus. Wir konnten genau beobachten, daß er alle aussteigenden Frauen musterte. Schließlich nahm er zwei Frauen ins Visier, von denen eine die »Natoplane« trug. Er verfolgte die beiden über die Schillerstraße bis zur Belvederer Allee. Dann verabschiedete sich die eine Frau von der anderen und betrat ein Haus, während die Dame mit der »Natoplane« weiterging.

Wir warteten gespannt, was passieren würde.

An einer besonders dunklen Stelle setzte der Observierte tatsächlich zum Sprung an. Plötzlich zwei Schreie! Der eine natürlich von der Frau, der andere von unserem Springer.

Als unsere Ermittler herbeieilten, bot sich ihnen ein grotesker Anblick: Die Frau stand, größte Überraschung im Gesicht, im guten Festtagskleid ohne Mantel da, während unser Täter mit schmerzverzerrtem Gesicht auf dem Rücken lag, den Mantel noch fest in den Händen verkrampft. Schneller als er denken konnte, war er auf den Beinen, und die Handschellen klickten um seine Handgelenke. Das war das jähe Ende für den Weimarer »Huckauf«.

Was war passiert?

Da die Luft lau, beinahe schwül war, trug die Frau den Mantel nur lose über die Schultern gelegt. Dadurch fand der Täter, als er sie ansprang, keinen Halt und rutschte unsanft nach unten. Anstelle der erhofften Wonnegefühle mußte er nun ärztliche Hilfe in Anspruch nehmen!

Unser »Huckauf« erhielt eine Bewährungsstrafe mit der Auflage, medizinisch-psychologische Betreuung anzunehmen. Aus vielfacher Erfahrung wissen wir, daß solche Täter meist wieder rückfällig werden. Er mußte sich sicherlich andere »raschelnde Objekte« suchen, denn wer trug später noch eine »Natoplane«?

Die Geldfalle schnappte zu

In größeren Betrieben oder Kombinaten war die Palette der Kriminalitätserscheinungen breit gefächert. Dazu zählten leider auch die Eigentumsdelikte an persönlichen und volkseigenen Werkzeugen, Ersatzteilen und Waren des täglichen Bedarfs (kurz WtB genannt). Es gab dafür in der DDR einen zutreffenden Ausspruch: »Aus den volkseigenen Betrieben ist nicht genug herauszuholen!« Diese Art von Diebstählen beunruhigte die Werktätigen nicht sonderlich. Jeder bediente sich gelegentlich an Materialien, die es nicht zu kaufen gab. Manchmal waren es nur ein paar Schrauben, ein anderes Mal ein paar Steine oder bestimmte Werkzeuge. Wenn aber die Kolleginnen oder Kollegen selbst beklaut wurden, war die Empörung natürlich riesengroß. Das in das Kollektiv gesetzte Vertrauen war empfindlich gestört, und jeder wollte, daß der oder die Täter ermittelt wurden.

Im Automobilwerk Eisenach wurden im Produktionszeitraum von 1956 bis zum 10. April 1991 der von vielen Menschen geschätzte PKW »Wartburg« produziert. Es gab folgende Karosserieversionen: Limousine, Kombi, Kabriolett, Pritschenwagen und Coupé. Im Bürotrakt des Volkseigenen Betriebes arbeiteten mehrere Frauen und Männer im logistischen Bereich.

Eines Tages erstattete eine Mitarbeiterin eine merkwürdige Anzeige.

Aus ihrem Portemonnaie war ein 20-Mark-Schein entwendet worden. Um die Mittagszeit stellte sie den Verlust fest. Zur Frühstückszeit aber war dieser Schein noch in ihrem Besitz. Die Tatzeit konnte also exakt eingegrenzt werden.

Für die Mitarbeiterinnen und Mitarbeiter befand sich vor dem Bürosaal eine offene Garderobe. Irmgard M., die Bestohlene, führte an diesem Tag mehrere Geldscheine im Portemonnaie mit. Sie war sich daher anfangs nicht ganz sicher, ob ihr nur 20 Mark gestohlen worden waren.
Uns stellte sich folgende Frage: Welcher Dieb läßt den Rest des Geldes zurück? Irmgard M. konnte aber genau bestimmen, daß ihr in der Zeit vom Frühstück bis zur Mittagspause das Geld gestohlen wurde. Sie erklärte, daß schon vor 14 Tagen ihrer Kollegin Ilona K. zehn Mark aus der Geldbörse fehlten.

Sollte sich die Täterin oder der Täter darauf spezialisiert haben, aus den Portemonnaies der Mitarbeiter nur einen Schein zu stehlen, um den Diebstahl in gewisser Weise zu verschleiern?

Diesen Überlegungen folgend, bereiteten die Kriminalisten eine Falle für die Täterin oder den Täter vor.

Zunächst wurde im Kollektiv (heute Team) eine Person als Lockvogel ausgewählt. Sie erhielt ein präpariertes Portemonnaie – also die Falle. Dafür wurde das chemische Mittel Oxin, das es in Pulver- oder Cremeform gibt, verwendet. Für Außenstehende war es unsichtbar. Geldscheine wurden mit Pulver versehen und Münzen mit der cremigen Masse leicht bestrichen. In die vorbereitete Geldbörse wurden zudem individuelle Dinge wie Zettel, Adressen und Telefonnummern gelegt.

Die Frau, die die präparierte Börse mit sich führte, mußte zu verabredeten Zeiten nachprüfen, ob noch alles vorhanden war.

Sollte aber etwas fehlen, hatte sie es sofort den Kriminalisten zu melden. Durch das Oxin würde sich der Täter bei seiner Diebstahlhandlung selbst markieren. Das Oxin besitzt die Eigenschaft zu fluoreszieren, d. h. mittels UV-Lampe sind an den Fingern und Kleidern der Täter gelbliche Flecken sichtbar.

Tatsächlich schnappte unsere Geldfalle zu. In diesem konkreten Fall war der Täter weiblich, nämlich eine Putzfrau (heute Raumpflegerin). Als Reinigungskraft kam sie ungehindert in alle Räume des Traktes. Sie griff sich einen Schein aus dem präparierten Portemonnaie. Sofort begab sie sich in die Kantine und kaufte Getränke ein. Danach ging sie auf die Damentoilette.

Als die Kripo vom »Einriß« der Falle Kenntnis erhielt, durfte niemand den Bürotrakt verlassen – auch unsere Putzfrau nicht. Allen Anwesenden wurde erklärt, daß der Diebstahl schnell zur Aufklärung käme. Jede einzelne Person wurde in einen separaten Raum geführt und mit der UV-Lampe »bearbeitet«.

Anfänglich fiel niemand durch fluoreszierende Merkmale an Händen oder Kleidung auf. Dann kam Ines W. an die Reihe. Als sie mit der UV-Lampe abgeleuchtet wurde, waren überall die gelblichen Flecken sichtbar. Die Kriminalisten entdeckten auch an ihrem Rock und an ihrem Schlüpferbund gelbliche Spuren und konnten somit beweisen, daß sie die Toilette aufgesucht hatte. Ein letzter Versuch, ihre Unschuld zu beteuern, bestand darin, daß sie erklärte, über keinen 20-Mark-Schein zu verfügen. Doch das war eine Lüge. Eine Überprüfung der Kasse in der Kantine brachte einen präparierten 20-Mark-Schein zum Vorschein, der eindeutig aus ihrem Besitz stammen mußte.

Ich denke heute noch, daß unsere Putzfrau an höhere Mächte glaubte, da sie mit den Mitteln und Methoden der K nicht vertraut war. Später meldeten sich noch weitere Personen, die Geld vermißten. Es waren in allem elf Geldscheindiebstähle, die ihr nachgewiesen werden konnten. Raffiniert war ihr Vorgehen schon. Niemals hat sie das gesamte Geld oder gar die komplette Geldbörse genommen. Die Chemie und die Technik waren jedoch stärker als sie. Wegen Diebstahls in mehreren Fällen wurde die Täterin angeklagt. Die Strafe lautete ein Jahr und sechs Monate auf Bewährung.

SAISONKRIMINALITÄT

Alle Jahre wieder, könnte man sagen ...
Wenn am 15. Mai, das weiß ich genau, weil an diesem Tag einer meiner besten Freunde Geburtstag hat, die Freibäder öffneten, begann die von vielen ersehnte und beliebte Badesaison. Das Weimarer Schwanseebad füllte sich sofort mit Badelustigen, wenn das Wetter »mitspielte«. Ob groß oder klein, alt oder jung, alle suchten die Erfrischung und Erholung. Die Liegewiesen waren in kürzester Zeit belegt, so auch die Bänke auf den Traversen.

Dann stellte sich auch immer zwangsläufig die Frage: Wo bewahre ich meine Wertgegenstände wie Portemonnaie, Uhr, Ausweis auf? Umkleidekabinen gab es nur in begrenztem Umfang. Also wurden die unteren Seiten der Liegedecken zum Verbergen genutzt, Schuhe und andere einfache Behältnisse dienten als Aufbewahrungsort. Oft bewährte sich die Absprache mit den »Liegenachbarn«.

Natürlich war die Badesaison für Diebe eine willkommene Einnahmequelle. Jetzt mußte hart »gearbeitet« werden. Je höher der Besucherandrang war, um so sicherer fühlten sich die Diebe. Es verging dann kaum ein Tag, an dem nicht ein Diebstahl zur Anzeige gebracht wurde. Doch nicht nur Portemonnaies, Uhren und andere Schmuckstücke wechselten den Besitzer, nein, komplette Fahrräder und Fahrradteile wurden entwendet. Den Fahrraddieben kam dabei zugute, daß sich der Fahrradständer außerhalb des Geländes befand.

Während die Bäder im Landkreis Weimar vorwiegend an den Wochenenden von ganzen Familien besucht wurden, war das Bad in Weimar durch attraktiv niedrige Eintrittspreise begünstigt und deshalb ständig überfüllt.

Damals standen wir vor der Frage, was vorbeugend zu tun sei. Diese permanente Kleinkriminalität traf empfindlich den »Nerv« der Menschen. Die von Kriminalisten besprochenen Tonbänder mit Hinweisen zur sicheren Aufbewahrung von Wertgegenständen und Verhaltensweisen im Bad allgemein wurden regelmäßig über die Lautsprecheranlagen abgespielt. Eindringlich wurde an die Wachsamkeit der Badegäste appelliert. Zivilstreifen der Polizei beobachteten zu Schwerpunktzeiten die Personenbewegung in den Bädern. Sie spazierten herum wie andere Badegäste und waren in Badehose sicherlich nicht von den übrigen Besuchern zu unterscheiden.

Einige Male nahmen wir »alte Bekannte« fest, die ihre Finger nicht im Zaum halten konnten.

Es war 1970, als wieder Vorbereitungen zur Verhinderung der Bäderkriminalität getroffen werden sollten.

Eines Tages kamen mehrere Menschen (besonders ältere Frauen) zu unserer Dienststelle und erstatteten Anzeige. In dreistester Weise hatten ihnen männliche Diebe auf dem Hauptfriedhof die Handtaschen entrissen.

Die Frauen suchten die Gräber ihrer verstorbenen Angehörigen auf und pflegten ihre letzten Ruhestätten. Um verwelkte Blumen oder vertrocknetes Buschwerk zu den dazu bestimmten Kompostnischen zu bringen oder Gießwasser aus den Brunnen zu holen, mußten sie sich im Schnitt bis zu 15 Meter vom Grab entfernen. Die Handtaschen, am jeweiligen Grab abgestellt, blieben für diesen kurzen Moment unbeaufsichtigt. Das nutzten die Täter, die sich hinter Hecken, wie sie in Friedhöfen typisch sind, versteckt hielten, für die Diebstähle aus. Für manche der geschädigten Frauen brach eine Welt zusammen. Nicht nur, daß das Bargeld, Schlüssel und Ausweise weg waren, viel schlimmer war der zugefügte seelische Schmerz.

Wer konnte so gemein sein, um an dieser Stätte der Besinnung solche Untaten zu begehen?

Auch in der Folgezeit kam es wiederholt zu Handtaschendiebstählen. In zwei Fällen näherten sich zwei jugendliche Täter den älteren Damen, die sich auf dem Weg des jeweils zu pflegenden Grabes befanden, von hinten und rissen ihnen mit Gewalt die Handtasche aus der Hand. In beiden Fällen stürzten die Frauen auf den Boden und verletzten sich.

Jetzt handelte es sich nicht mehr allein um Diebstahl, sondern um Raub. Nach mehreren Tagen der Observation machten unsere Kriminalisten zwei Jugendliche aus, die sich hinter Grabsteinen versteckten. Das war im Bereich der neuen Beerdigungsstätten.

Unsere Leute, die in einem Gebüsch untergetaucht waren, erblickten zwei Frauen: eine ältere Dame, deren Ehemann verstorben war, und eine jüngere, ihre Tochter.

Kaum hatte die jüngere Frau verwelkte Blumen vom Grab genommen und sich zur Abfallstelle begeben, schlugen die Täter zu.

Sie rannten zur Grabstätte und entwendeten die dort abgestellte Handtasche. Die alte Frau schrie auf und fiel vor Schreck auf den Boden. Der Schreck der Täter war nicht minder, als sich ihnen zwei Männer in den Weg stellten. Mit den Worten »Kriminalpolizei, ihr seid vorläufig festgenommen!« beendeten unsere Leute ihre Flucht.

Die beiden festgenommenen Jugendlichen im Alter von 16 und 17 Jahren waren der Polizei nicht unbekannt. In ihrer Vernehmung gaben sie die Handtaschendiebstähle auf dem Friedhof zu.

Sie erklärten, daß sie es vordergründig auf Bargeld abgesehen hatten. Ausweise, Geldbörsen und die Taschen selbst warfen sie in das Gestrüpp außerhalb des Brückenübergangs. Diese Stelle ist auch als »Am Blitz« gut bekannt.

Als wir diese Gestrüppschneise gründlich absuchten, wurden wir überraschend fündig. Geldbörsen, Ausweise, andere diverse Unterlagen und Schlüssel kamen zum Vorschein. Sie stammten aus Diebstählen, die im Schwanseebad begangen wurden. Darunter fanden wir auch Gegenstände, die im Jahr zuvor gestohlen worden waren.

Jetzt hatten wir das Diebesduo, das sich schließlich noch zum Trio entwickelte, da noch ein weiterer Täter hinzukam. Über 30 Diebstähle konnten ihnen nachgewiesen werden.

Sie wurden wegen Raubes in Tateinheit mit Körperverletzung und Diebstahl angeklagt. Das Gericht sprach eine geringe Freiheitsstrafe und in einem Fall eine Bewährung aus. Da alle drei aus ungeordneten familiären Verhältnissen stammten, war die Rückfälligkeit nur eine Frage der Zeit.

***

Es war 1968, als im Stadt- und Landkreis mehrere Mopeds und Motorräder gestohlen wurden. Zehn bis zwölf Fälle registrierte man. Damals stellten diese schicken Zweiräder wahre Luxusgegenstände dar. Durch eine gründliche Fahndungsarbeit konnten die Fahrzeuge relativ schnell gefunden werden.

In zwei Fällen gab es infolge von Zeugenaussagen relativ gute Personenbeschreibungen zu einem Jugendlichen, der solche Fahrzeuge geklaut hatte. Der Verdacht auf Diebstahl wurde durch das Auffinden der Mopeds und Motorräder hinfällig. Es blieb die Straftat der unbefugten Benutzung von Kfz.

Als Leiter des Sachgebiets Jugendkriminalität überprüfte ich meine »Spezis« und konnte den Täter sehr schnell ermitteln. Es war Uwe W. Bis auf zwei Taten gab er alle Handlungen zu.

Bei den nicht geklärten Fällen waren die Fahrzeuge in einem Vorortgebiet von Weimar gefunden worden. Eigentlich die gleiche Handschrift, aber nicht zu beweisen. Nach sechs Monaten Haftstrafe war Uwe W. wieder auf freiem Fuß.

Auffällig war, daß sich die Straftaten nicht auf Motorräder und Mopeds beschränkten, sondern sich auch auf Autos der besonderen Marke »Trabant« erstreckten.

Kam Uwe W. wieder als Täter in Betracht?

Bei den aufgefundenen Fahrzeugen, die zum Teil erheblich beschädigt waren, wurden keine brauchbaren daktyloskopischen Spuren festgestellt. Vielmehr gab es Faserspuren, die darauf hinwiesen, daß der oder die Täter Wollhandschuhe getragen haben mußten.

Damals erfolgte die Auswertung nach Fingerspuren von bereits registrierten Tätern noch manuell anhand von Täterkarteien. Uwe W., wieder aus der Haft entlassen, war dabei.

Die Übersicht, wo die entwendeten Kfz gefunden wurden, erbrachte folgendes Bild: Alle Mopeds und Motorräder fanden wir in Vororten Weimars. Oberweimar war nicht dabei, dafür aber Taubach, Ehringsdorf und verstärkt Belvedere. Die drei gestohlenen PKW hatten der oder die Täter am Stadtrand in der Nähe des Hauptfriedhofes und einer Nebenstraße der Belvederer Allee abgestellt.

Die Fundorte der Mopeds und Kräder waren fast identisch mit denen, bei denen wir die Handlungen Uwe W. nicht nachweisen konnten.

Sollte er wieder zugeschlagen haben?

Die Auswertung der sogenannten grafischen Methode ergab, daß die Fahrzeuge alle im Stadtkreis von Weimar entwendet wurden. Auf dem Stadtplan waren sie alle erfaßt, und hinzu kamen die Fundorte. Daraus war auffallend erkennbar, daß der Ortsteil Oberweimar unangetastet blieb.

In den meisten Fällen handelten die Täter nicht in ihrem unmittelbaren Wohngebiet. Sie »beschmutzten ihr eigenes Nest« nicht.

Die Überprüfung ergab natürlich unter anderem, daß Uwe W. in Oberweimar wohnhaft war. Er wurde schon damals mittels daktyloskopischer Spuren überführt. In seiner einfachen Denkweise zog er den Schluß, daß es mit den Abstellorten zusammenhängen mußte. Daher wählte er nun wieder die benannten Vororte für das Abstellen der gestohlenen Kfz aus. Da er über keine Fahrerlaubnis verfügte, auch im Umgang mit den Autos recht unsicher war, fuhr er mit ihnen nur relativ kurze Strecken im Stadtgebiet.

Unsere Observationsmaßnahmen konzentrierten sich auf die Belvederer Allee und Taubacher Straße. Nach etwa einer Woche wurde er mit einem Moped, das natürlich geklaut war, in der Taubacher Straße festgenommen.

Obwohl es Sommer und recht warm war, trug Uwe W. Wollhandschuhe!

Die späteren Faseruntersuchungen ergaben Übereinstimmungen mit zuvor gesicherten Spuren. Uwe W. hatte des öfteren Teile von Fahrzeugen ab- bzw. ausgebaut und an Kumpels verkauft. Er wurde daher wegen unbefugten Gebrauchs von Fahrzeugen in Tateinheit mit Sachbeschädigung und Diebstahl verurteilt. Diesmal mußte er 14 Monate »absitzen«.

Ich konnte öfter feststellen, daß Täter bei Serienstraftaten nicht immer alle Handlungen zugaben und später Überlegungen anstellten, warum sie nicht überführt werden konnten. Damit ist das »Samenkorn« für die Rückfälligkeit gelegt. Nur wenn die Täter »reinen Tisch machen«, ist die Chance gegeben, nicht wieder rückfällig zu werden.

Hinzu kommt, daß bei jugendlichen Tätern während der Zeit ihrer Haft die familiären und sozialen Verhältnisse nicht wesentlich verändert werden und das gleiche ungünstige Milieu nach der Entlassung vorgefunden wird.

Anmerkung:
Unterschied zwischen Diebstahl und unbefugtem Gebrauch eines Fahrzeuges:
Diebstahl ist die Wegnahme einer fremden beweglichen Sache mit der Absicht, diese für sich oder einen dritten rechtswidrig zuzueignen.
Beim unbefugten Gebrauch eines Fahrzeuges hat der Täter zwar gegen den Willen des Berechtigten Kfz oder Fahrräder in Gebrauch genommen, will sich diese aber nicht für sich oder für einen dritten rechtswidrig zueignen.

Kohle für die Liebe

Nur die schon älteren Menschen erinnern sich noch an die Zeit, als es Lebensmittel- und Kohlekarten für die Bevölkerung in der DDR gab. Ich glaube, daß Ende der 50er Jahre als erste die Lebensmittelkarten wegfielen. Die zum Teil lebensnotwendigen Kohlenbezugskarten wiesen dagegen eine längere »Laufzeit« auf. Der Verlust der Karten verursachte erhebliche Probleme. War dieser bei den zuständigen Kartenausgabestellen nicht genau erklärbar und akzeptabel, gab es keinen Ersatz. Dann war Frieren angesagt. Anfang 1965 kam es in Weimar zu einem spektakulären, süffisanten »Kohlenkartenfall«.

Die sogenannte »Bürgermeisterschule« (später Fachschule für Staatswissenschaften) am Karl-Marx-Platz führte ständig Lehrgänge und Fortbildungskurse für Kommunalmitarbeiter aus der gesamten DDR durch. Aus allen Gegenden kamen die Teilnehmer nach Weimar. An diesen Abenden »bevölkerten« die Wißbegierigen die örtlichen Gaststätten, aber auch die kulturellen Einrichtungen, wie Theater, Musikbars und so weiter.

Einige Männer, fast alle verheiratet, nutzten die »Gunst der Stunde«, um nach Abenteuern zu suchen. Fernab der Heimat und noch ferner von den Ehefrauen knüpften sie Kontakte zu Damen unterschiedlicher Couleurs. Dabei gingen sie nicht immer sehr wählerisch vor, sondern folgten ihren ganz bestimmten Trieben.

Ein recht wortfauler, dennoch kontaktsuchender Mann aus dem »hohen Norden« (sprich: Ostseebezirk) hatte Zweisamkeitsversuche zu einer mit einer üppigen Oberweite ausgestatteten Frau gestartet. Unser liebestoller Fischkopp, nennen wir ihn Kuddel M., gab mehrere Bier- und Schnapsrunden aus und begann Eva G. zu »befummeln«. Kuddel griff an ihre Oberschenkel und schnell waren seine Hände auch an anderen Stellen ... Was unser »Nordlicht« nicht wußte, war, daß seine Auserwählte zu den sogenannten HWG-Personen zählte.

HWG stand für den Begriff »Häufig wechselnder Geschlechtsverkehr«, heute würde man ordinär »Nutte« sagen. Durch den Alkoholgenuß, der sich ständig steigerte, gingen bei Kuddel vernünftige Überlegungen verloren. Der Saufteufel ist des Hurenteufels bester Freund.

Kuddel, aufs höchste erregt, folgte Evas Angebot, zu ihr nach Hause zu gehen, um weiterzuzechen. Dabei ließ sie eindeutig erkennen, daß es durchaus zu sexuellen Handlungen kommen könne. Kuddel, mittlerweile den Verstand eindeutig in der Hose, willigte begeistert ein, bezahlte die gesamte Zeche und verließ mit seiner neuen »Flamme« Arm in Arm das Lokal. In einer kleinen Gasse in Weimar angekommen, öffnete Eva leicht torkelnd und lachend ihre Wohnungstür. Beide traten mit erwartungsvollen, vielleicht unterschiedlichen »Hoffnungen« ein.

Kuddel, schon ziemlich angenebelt, fiel nicht mehr auf, in welches Milieu er abgeglitten war. Bei Eva herrschten Zustände, die er als Kommunalpolitiker des realexistierenden Sozialismus in seinem Verantwortungsbereich hätte beseitigen müssen. Trotzdem ging er mit der willigen Dame in die »Kiste« und fand seine Befriedigung.

Die angewandten besonderen Künste der Frau waren ihm bisher fremd. Lange hielt die Zufriedenheit jedoch nicht an. Der fixen sexuellen Befriedigung folgte die nüchterne Betrachtung der Sache danach. Die kurze Hitze der Liebe klingt schnell ab und erkaltet. Kuddel erkannte, daß er so schnell wie möglich aus diesem Haus wegmußte.

Vielleicht schreckten ihn in diesem Moment auch die überquellenden Aschenbecher, die leeren Bierflaschen in der Küche, die desaströsen Sanitärverhältnisse oder überhaupt das völlige Fehlen von Hygiene in Evas Wohnung ab, und ihm kam statt dessen sein eigenes sauberes, ordentliches Zuhause in Erinnerung.

Hastig zog er sich an.

»Ich muß jetzt gehen«, sagte er, mittlerweile fast nüchtern.

»Nee, nee, Du kannst mir ruhig noch ein paar Mark hierlassen! Hast ja schließlich auch was dafür gekriegt.«

Eva versperrte ihm den Weg und hielt die ausgestreckte offene Hand für ihre »Dienstleistung« hin.

Nun wollte Kuddel besonders schlau sein. Er nahm sein Portemonnaie aus der Jackentasche, öffnete ein Fach und zeigte ihr, daß er kein Geld mehr habe.

»Guck mal, keine einzige Mark mehr. Alles ausgegeben.«

Doch Eva sah mit geübtem Blick eine Kohlenbezugskarte in diesem Fach stecken. Mit flinken Fingern griff sie sich dieses Objekt.

Dann gab sie für ihren »Kunden« den Weg frei. Doch Bürgermeister Kuddel M. kam schnell in schwere Erklärungsnot. Wie sollte er seiner Frau bloß den Verlust der Karte erklären?

Sein befreundeter Lehrgangsteilnehmer machte den Vorschlag, Anzeige wegen Diebstahls zu erstatten, was auch geschah.

Natürlich kam jetzt alles ans Tageslicht. Eva »packte aus« und beschrieb die Umstände, die zu ihrer Tat führten. Sie hatte bereits am anderen Tag die Kohlenkarte eingelöst. Es gab polizeiliche Rückfragen im Heimatort von Kuddel. Seine Frau mußte konfrontiert werden. Sie war über das Verhalten ihres Mannes natürlich enttäuscht und empört. Sie reichte stehenden Fußes die Scheidung ein.

Fazit:
Ehefrau weg.
Kohlenbezugskarte weg.
Bürgermeisterposten weg.
Das hämische Lachen der Bekannten und Bewohner brauche ich wohl nicht zu erwähnen. Es schallte lautstark durch den Wohnort.
Eva wurde verwarnt, erhielt die zusätzlichen Kohlen nicht und war eigentlich empört, daß ihre »Leistung« nicht honoriert wurde. Die Karte ging an die Ehefrau zurück. Sie sollte wenigstens nicht noch unter der natürlichen Kälte leiden.

Der perfekte Stempel

In den 70er Jahren bekamen wir es mit einem besonderen, sehr raffinierten Rechtsbetrüger zu tun. Durch Fälschungen und Betrügereien hatte er seinen persönlichen finanziellen »Etat« beachtlich erhöht. Aber der Reihe nach.

Wer in der heutigen Zeit sein Geld von der Bank oder einem anderen Geldinstitut abheben will, kann unglaublich viele Möglichkeiten nutzen. Der unsichtbare Geldverkehr hat bereits einen sehr hohen Standard erreicht.

Es gibt Kredit- und Geldkarten, Geldautomaten, Internetbanken und vieles mehr. Man kann eigentlich von zu Hause aus alles regeln. Die Computertechnik macht es möglich. Bei vielen Bezahlungen, wie zum Beispiel an der Tankstelle, dominiert die Geldkarte. Einzahlungen auf Konten, Auszahlungen von Bargeld, Überweisungen sind in Windeseile erledigt.

Nur viele ältere Menschen haben oftmals Probleme mit dieser modernen Technik. In der DDR sah das ganz anders aus. Es gab diese technischen Abläufe und Einrichtungen nicht.

Mancher wird sich daran erinnern, daß am Freitag in vielen Betrieben der Lohn »auf die Hand« ausgezahlt wurde. Der Wochenlohn diente der Angabe der Einkommenshöhe. Aus diesem Grund waren auch die Frauen an den Freitagen recht agil und holten häufig ihre Männer von der Arbeitsstelle ab.

Erst später wurden Lohn- und Einkommenskonten eingerichtet. Alle Ein- und Auszahlungen waren transparent und einfach zu überschauen. Der bürokratische und technische Ablauf war schleppend. Es dauerte immer mehrere Tage, bis Überweisungen und Abbuchungen vollzogen waren.

Später gab es dann die Bezahlung per Scheck, aber nicht alle Einrichtungen akzeptierten diese Zahlungsart. Immer stand die Frage der Kunden im Raum: »Nehmen Sie auch Schecks in Zahlung?« Einen sofortigen Abgleich, ob dieser gedeckt war, gab es nicht.

Nun zum Kriminalfall. Jede Entwicklungsphase des technischen Fortschritts ruft natürlich auch Rechtsbrecher auf den Plan, die diese Möglichkeiten zur persönlichen Bereicherung ausnutzen.

Heute werden an Geldautomaten Daten ausgespäht, Viren, Würmer und anderes Cyberviehzeug befällt das Internet, die Internet- und Computerkriminalität ist unaufhaltsam auf dem Vormarsch.

Die Manipulation technischer Geräte hilft zum Beispiel bei Geldfälschung und Scheckbetrug, Mißbrauch von Formularen, Fahrkarten und so weiter. Die international organisierte Kriminalität nutzt den wissenschaftlichen und technischen Entwicklungsstand hemmungslos aus.

Wie waren die Abläufe in der DDR?
1. Es gab Geldanweisungen über die Deutsche Post. Wollte zum Beispiel die Omi aus Berlin ihrem Enkel 100 Mark überweisen, ging sie zur Poststelle, füllte das entsprechende Formular aus und zahlte 100 Mark ein. Das Enkelkind erhielt von der Post eine entsprechende Empfangsberechtigung, ging zum Postamt, legte den Personalausweis vor und erhielt 100 Mark. Es dauerte immer mehrere Tage bis, wie im Beispiel benannt, die Poststelle im Bezirk die Empfangsbescheinigung erhielt.
2. Inhaber von Sparbüchern konnten beim Vorliegen entsprechender Guthaben einen Stempelvermerk – »Für den Freizügigkeitsverkehr zugelassen« – erhalten. Daher konnte man in jeder Stadt der DDR Einzahlungen und Abhebungen tätigen.

3. Wer über erforderliche Scheckbücher verfügte, konnte bargeldlos einkaufen, aber, wie bereits erklärt, nicht überall.

Das verleitete natürlich einige dazu, sich rechtswidrig zu bereichern.

Zu diesen Kriminellen zählte Heinrich O. aus W. Dieser Mann war eigentlich ein begnadetes Genie. Er konnte Urkunden, Siegel, Stempel, Unterschriften und Formulare originalgetreu herstellen. Das war sein eigentliches Hobby. Die notwendigen Utensilien hatte er sich im Laufe der Jahre verschafft.

Eines Tages begann sich sein krimineller Wunsch zu regen. Um diesen zu erfüllen und auf einfache, aber unredliche Weise an Geld zu kommen, brauchte er in erster Linie den Personalausweis von Männern, die sich in seinem Alter befanden.

Er benutzte die Züge der Deutschen Reichsbahn zwischen Erfurt und Berlin in beiden Richtungen, aber nur Nachtzüge. In den Abteilen, in denen sich ausschließlich einzelne Fahrgäste seiner Zielgruppe befanden, durchsuchte er die abgelegten Jacken und Mäntel der schlafenden Männer nach Geldbörsen und Brieftaschen. Eigentlich brauchte er nur die Ausweise, aber wer verschmäht schon Bargeld?

Nach dem Diebstahl flogen die nun erleichterten Brieftaschen aus dem Zugfenster. Wurden die Schlafenden wach, wenn er das Abteil betrat, fragte er mit unschuldiger Miene, ob noch ein Platz frei sei. Nachdem er sich für einen kurzen Augenblick gesetzt hatte, verließ er das Abteil wieder.

Es gelang uns, einige Zeugen zu ermitteln, die eine vage Personen- und Bekleidungsbeschreibung des gesuchten Mannes abgeben konnten. In wenigen Wochen wurden 14 solcher Diebstahlhandlungen zur Anzeige gebracht. Die

Kriminalpolizei war gezwungen, einen sogenannten »Brennpunkt« der Kriminalität einzuleiten. Die Transportpolizei veranlaßte eine Absuche an der Bahnlinie Erfurt-Berlin. Liebevoll nannten wir die Trapo »Schotterpolizei«, die Gleiskontrolleure kamen mit »Schwellenhopper« davon. Sie fanden über 20 Geldbörsen und Brieftaschen, also mehr als angezeigt worden waren.

Was hatten die begangenen Straftaten gemeinsam?

1. Alle Taten erfolgten in Zügen von Erfurt nach Berlin bzw. in umgekehrter Richtung. Ohne Ausnahme wurden Nachtzüge benutzt.
2. Bei den Geschädigten handelte es sich ausschließlich um Männer, die sich in Alter, Haarfarbe, Gesichtsausdruck und Statur ähnelten.
3. Alle Geschädigten schliefen, als die Diebstähle verübt wurden.
4. Die Opfer hatten ihre Jacken oder Mäntel abgelegt, in denen sich die Brieftaschen befanden.
5. Es wurden nur die Personalausweise und vorhandene Geldscheine gestohlen.
6. Brieftaschen und Geldbörsen mitsamt dem restlichen Inhalt warfen der oder die Täter aus dem fahrenden Zug.
7. Erst viel später bemerkten die Bestohlenen das Fehlen ihrer Geldtaschen.
8. Bis auf wenige Fälle gab es keine Zeugen.

Was wollten der oder die Täter mit den gestohlenen Personalausweisen?

Die Spekulationen von Leuten, die nichts mit der Aufklärung von Straftaten zu tun hatten, trieben wundersame Blüten. An erster Stelle stand die Vermutung, daß eventuell Leute aus der DDR ausgeschleust werden sollten. Wir Kriminalisten sind jedoch Tatsachenmenschen und kamen zu dem Schluß, daß vermutlich Betrugshandlungen mittels der Ausweise begangen werden sollten.

Aber wie und vor allem welche?

Plötzlich hörten die Diebstähle in den Zügen auf. Die eingeleiteten Observationsmaßnahmen wurden eingestellt. Der Täter (natürlich war es Heinrich O.) konnte nicht ermittelt werden. Da die Züge, die von Erfurt aus fuhren, nur auf einigen größeren Bahnhöfen hielten, wie zum Beispiel Weimar, Apolda, Naumburg oder Halle, konzentrierten wir unsere Aufklärungsarbeit auf diese Städte.

Dann überraschte uns eine Kriminalitätserscheinung, die wir bis dahin nicht kannten. In verschiedenen Orten der DDR wurden Postanweisungen mit unterschiedlichen Geldbeträgen eingelöst, die nicht echt waren. Die Anweisungsformulare waren exakt gestempelt und signiert, aber dennoch gefälscht. Der Täter hatte sich selbst Geld angewiesen und dabei auch fingierte Personalien sprich Personalausweise benutzt.

Bevor dieser Betrug und diese Fälschungen bekannt wurden, vergingen mehrere Tage. Die Schadenssumme betrug mittlerweile mehrere 1000 Mark.

Bevor wir mit unseren Ermittlungen ansetzten, hörten die Betrügereien auf. Wieder hatte Heinrich O. »zugeschlagen«.

Dann trat der Täter mit gefälschten Sparbucheintragungen in Erscheinung. In mehreren Städten Thüringens und Sachsen-Anhalts eröffnete er mit den gestohlenen Personalausweisen Sparbücher und zahlte tatsächlich immer Summen zwischen 50 und 100 Mark ein. In kurzer Zeit hatte er die erforderlichen Stempel kopiert und auch Kurzzeichen der Bankangestellten gefälscht.

Also zahlte er auf die insgesamt acht eröffneten Sparbücher (alle mit gefälschtem Vermerk »Für den Freizügigkeitsverkehr zugelassen«) Summen zwischen 200 und 800 Mark ein. Bis nach Rostock fuhr er, um überall wieder diese Summen abzuheben.

Ohne Beanstandung bekam er nach Vorlage der jeweiligen Personalausweise, in denen er ebenfalls Fälschungen vornahm, diese Beträge. Erst Tage später erfolgte die Meldung der kontoführenden Sparkasse, daß solche Geldbeträge nie eingezahlt wurden. Sparkassenangestellten legten wir Eintragungen und Stempel mit ihrem angeblichen Signum vor. Sie konnten keine Fälschungen erkennen.

Auch bei der Paß- und Meldestelle der Volkspolizei wurden später gefälschte Personalausweise vorgelegt. Sie waren nach Angaben der Polizisten nicht zu beanstanden. Der Zusammenhang zwischen den Diebstählen der Personalausweise in den Zügen und ihrer Verwendung bei den Betrugshandlungen war offenkundig.

Dann kam die Krönung. In mehreren Kaufeinrichtungen wurden gefälschte Schecks entdeckt, aber leider immer zu spät, da ein sofortiger Abgleich nicht möglich war. Für mehrere 1000 Mark waren wertvolle Waren gekauft worden. Endlich die Erlösung! In Berlin am Ostbahnhof versuchte unser Spezi abermals mittels eines Schecks, Waren im Wert von 300 Mark zu bezahlen. Der Angestellten fiel auf, daß der Vordruck Unregelmäßigkeiten aufwies, und verständigte die Polizei.

Das Ende der kriminellen Laufbahn von Heinrich O. bahnte sich an. Er wurde durch die eintreffende Polizei festgenommen. Der zuständige Staatsanwalt in Erfurt beantragte einen Haftbefehl, der auch durch das Gericht erlassen wurde. Noch in der Untersuchungshaft verfaßte er ein Schreiben, in dem er anbot, Hinweise zur schnelleren Ermittlung von Betrügern zu geben, wenn er dadurch eine geringere Strafe erhalten würde. Darauf ließ sich der

Staatsanwalt jedoch nicht ein. Heinrich O. erhielt eine mehrjährige Freiheitsstrafe. Eines hatte er aber geschafft: Immer wenn ich mit Stempeln, Siegeln und so weiter konfrontiert werde, muß ich an ihn denken.

Leider fiel die Fahrt in den »Westen« aus

Die älteren Bürger der DDR können sich noch erinnern, daß eine normale Reise in die BRD so gut wie ausgeschlossen war. Darunter litten natürlich in erster Linie Menschen, die dort Verwandte hatten oder Familienzusammenführungen anstrebten. Dann gab es die Möglichkeit für Rentner der DDR, Besucherreisen in den »Westen« vorzunehmen. Mitte der 80er Jahre kann es gewesen sein, als in dem Ort M. ein Rentnerpaar eine Besucherreise in die BRD beantragte und auch ohne Beanstandungen genehmigt bekam.

Also begann Familie O. mit den Vorbereitungen. Eine dann oft gestellte Frage, verbunden mit den Problemen der Beschaffung, war: Was nimmt man den Verwandten als Geschenke mit? Und natürlich sollten es Geschenke aus Thüringen sein.

Ehemann Karl war gesundheitlich etwas »angeschlagen« und hielt sich aus dem Vorbereitungstrubel weitgehend heraus. Martha schaffte die Arbeit auch allein. Wie es damals so üblich war, wußte fast der halbe Ort von der bevorstehenden Reise. Es wurde auch bestimmt, wer die Schlüssel zum Haus erhielt und, wie man so schön sagt, »nach dem Rechten« sieht.

Zwei Tage vor Reiseantritt hatte sich der Gesundheitszustand von Karl immer noch nicht gebessert, und er entschloß sich, zu Hause zu bleiben, drängte aber darauf, daß seine Martha allein fahre. So geschah es dann auch. Während Marthas Abwesenheit sollte sich eine Bekannte um Karl kümmern.

In der Nachbarschaft des Ehepaares O. lebte der 18jährige Dieter Y. Wie alle im Dorf, so besaß auch er Kenntnis von der geplanten Fahrt seiner Nachbarn in den Westen. Er wußte aber nicht, daß Karl letztendlich nicht mitgefahren war und sich zu Hause aufhielt.

Dieter Y. war vom Charakter her labil, ging nicht gern zur Arbeit und lebte teilweise »in den Tag hinein«. Eines hatte er jedoch aus den Erzählungen seiner Familie und den Nachbarn sehr gut verstanden: Die Familie O. hatte immer fleißig gearbeitet und war ihr Leben lang sparsam gewesen. Nach seinem beschränkten Ermessen müßten sie über mächtig viel Geld verfügen. Außerdem trug Frau O. auf Dorffesten schönen Schmuck und der ließe sich ja auch zu Geld machen ...

Das alles wußte Dieter Y. – nur hatte ihm, wie bereits gesagt, niemand erzählt, daß Karl die Reise aus gesundheitlichen Gründen nicht antreten konnte. In seinem Kopf nahm ein furchtbarer Plan immer mehr Gestalt an: Das Paar nun im »Westen« wähnend, faßte er den Entschluß, deren Haus einmal einen »Besuch« abzustatten, um zu sehen, was zu holen war.

Als die Zeit gekommen war, machte er sich bei einbrechender Dunkelheit an die Verwirklichung seines Planes. Vorsichtig brach er mit einem Hebelwerkzeug die Tür auf. Man konnte nicht vorsichtig genug sein, vielleicht hielt sich ja, aus welchen Gründen auch immer, ein Nachbar oder ein Verwandter in der Wohnung auf?

Die absolute Ruhe im Haus ließ ihn jedoch unbesorgt zu seinen Taten schreiten. Zuerst bewegte er sich in Richtung Schlafzimmer. Als er leise die Tür öffnete, erfaßte ihn panisches Entsetzen. Sein Blick fiel auf das Ehebett, in dem der erkrankte Karl O. lag.

Karl hatte sich gerade aufgerichtet, weil er im Haus eigenartige Geräusche gehört hatte. Dieter Y. war nach Überwindung seiner Schrecksekunde blitzschnell am Bett des alten Mannes. Dieser hatte natürlich seinen Nachbarn erkannt und wollte zu der Frage ansetzen, was er hier zu suchen habe, als ihn ein furchtbarer Schlag mit einem harten Gegenstand am Kopf traf und er aus dem Bett fiel.

Im Glauben, Karl sei tot, legte Dieter Y. diesen wieder ins Bett zurück. Danach durchsuchte er im Wohnzimmer alle Schränke und Behältnisse, wie Dosen, Schmuckkästchen und Krüge. Zu seiner großen Enttäuschung fiel die Beute jedoch recht mager aus – nur etwas Bargeld, sonst nichts!

Zum Glück entdeckte er im Büfett einige kleine Flaschen Schnaps. Die steckte er, als kleinen Ersatz für die entgangenen Reichtümer, in seine Jackentasche. Nun überlegte Dieter, wie er seine Spuren im Haus beseitigen könne. Er wollte kein Risiko eingehen, zumal er einen Mord begangen zu haben glaubte, und entschied sich für das letzte, radikale Mittel der Spurenbeseitigung.

Zuerst ging er noch einmal in das Schlafzimmer und schaute nach seinem Opfer.

Karl O. lag bewegungslos im Bett auf mit Blut getränkten Kissen und war offensichtlich tot. Danach schlich Dieter in die Küche und suchte die damals oft zum Kochen übliche Propangasflasche. Als er sie unter der Spüle fand, montierte er sie ab und schob sie in eine Ecke der Küche.

Aus dem Küchenschrank entnahm er einen Kerzenstummel und stellte sie auf den Nachttisch des Opfers. Nun zündete er die Kerze an und lief schnurstracks zurück in die Küche, wo er die Propangasflasche aufdrehte.

Er wollte, daß es zu einer Explosion mit Brandfolgen komme, um damit das Tötungsverbrechen zu vertuschen. Als er das Häuschen der O. verließ, flatterten offensichtlich seine Nerven. Noch im Garten trank er drei kleine Flaschen Schnaps aus und warf sie dann in einen Busch.

Da Propangas schwerer ist als Luft, mußte das Gas erst seinen Weg von der Küche zum Schlafzimmer zurücklegen. In der Zwischenzeit war der Kerzenstummel jedoch erloschen und es kam nicht zu dem von ihm gewünschten Effekt. Die Tat wurde durch die Bekannte, die sich um Karl und das Haus kümmern sollte, am folgenden Morgen entdeckt. Sie fand auch die Leiche des erschlagenen Rentners vor.

Der Leiter der MUK machte sich mit seinen Spezialisten sofort an die Arbeit. Der gewaltsame Tod des Rentners wurde durch die Gerichtsmedizin bestätigt. Es wurden auch Angaben zum vermutlichen Tatwerkzeug gemacht, das später in der Mülltonne versteckt gefunden wurde.

Im Garten des Ehepaares O. wurden die ausgetrunkenen »Wackelmänner« gesichert. Ein Kriminaltechniker stellte im Büfett eine kleine Staubschicht fest, in der drei kreisrunde Eindrücke (also ohne staubbehaftete Stellen) sichtbar waren. Die Paßprobe ergab, daß dort eindeutig solche Fläschchen gestanden haben mußten.

Im Haus wurden durch die Kriminaltechniker an einigen Stellen auf dem Boden Schuhabdruckspuren sichtbar gemacht. Im Gartenbereich sicherten wir die gleichen Spuren als Eindruckspuren. Ebenso nahmen wir neben den fotografischen Sicherungen auch Gipsabdrücke ab.

Die Schuhspuren ließen auf die Größe 42–43 schließen, also mit hoher Wahrscheinlichkeit von einem Mann verursacht. Ein spezielles Muster auf den Schuhsohlen ergab mit dem Abgleich eines Kataloges den Hinweis auf Turnschuhe.

In einem begrenzten Umfang wurde diese Art von Turnschuhen nur in Erfurt und Mühlhausen verkauft. Der Wohnort des Rentnerehepaares lag im Bereich von Mühlhausen. Natürlich wurden Ermittlungen in den zwei Schuhgeschäften, die solche Turnschuhe verkauften, durchgeführt. Hinweise darauf, wer solches Schuhwerk gekauft habe, konnten die Verkäuferinnen und der Verkäufer nicht geben.

Die Ermittlungen im Wahrnehmungsbereich der Straftat führten endlich zum Erfolg. In der Nachbarschaft kamen mehrere Personen als Zeugen in Betracht. Dabei stießen wir zwangsläufig auf den jungen Mann namens Dieter Y. Zunächst beteuerte er, am Tattag in Mühlhausen gewesen zu sein. Bestätigen konnte sein Alibi niemand. Er war »entsetzt«, als er hörte, was mit Karl O. geschehen war.

Der Leiter der MUK und ein Kriminaltechniker sahen sich plötzlich vielsagend an. Beide hatten festgestellt, daß Y. Turnschuhe trug, und zwar genau solche, wie wir sie suchten. Und schon saß der Tatverdächtige in Strümpfen auf seinem Stuhl ... Fieberhaft wurden die Spuren ausgewertet und begutachtet.

Das Ergebnis war eindeutig: Der Träger dieser Turnschuhe war am Tatort gewesen. Dieter Y. startete noch einen vergeblichen Versuch, sich herauszureden. Er gab zu, im Haus des ermordeten Rentners gewesen zu sein. Die Haustür sei aufgebrochen gewesen. Daher sei er in die Wohnung eingedrungen. Als er das Schlafzimmer betrat, sah er die Leiche von Karl O. im Bett, so seine Schilderung.

Erst wollte er die Polizei verständigen, aber dann hatte er Bedenken, daß man ihn des Mordes verdächtigen würde. In diesem Moment kam er auf den Gedanken mit dem Propangas und die brennende Kerze. Die Märchen der Gebrüder Grimm wurden um eine Geschichte erweitert.

Es dauerte nicht lange, und der junge Täter legte ein umfassendes Geständnis ab. Mit seiner Beschreibung der Wohnung, des Standortes der »Wackelmänner«, der Propangasflasche und der Kerze bewies er eindeutig Täterwissen. Glaubhaft war, daß er nicht die Absicht verfolgte, das

Opfer zu töten. Er war davon ausgegangen, daß das Ehepaar sich auf einer Reise im Westen befand.

Gemäß § 212 des StGB wurde er wegen Totschlags in Tateinheit mit Hausfriedensbruch, besonders schweren Fall des Diebstahls und Herbeiführung einer Explosion und Brandgefahr zu einer langjährigen Freiheitsstrafe verurteilt.

Macht Liebe blind?

Zwei junge Männer aus einem Ort im damaligen Bezirk Suhl gingen als Freunde durch dick und dünn, bis sich im November 1984 eine Tragödie ankündigte.

Die beiden Unzertrennlichen verbrachten ihre Freizeit gemeinsam. Sie gingen in die Disko und konnten einen recht ordentlichen »Stiefel« an alkoholischen Getränken vertragen. Der eine, nennen wir ihn Karl, hatte zwischenzeitlich eine feste Freundin. Er liebte sie, wollte aber seine Gewohnheiten, wie ständige Kneipenbesuche, nicht ablegen. Für ihn war es unverständlich, daß seine Petra mit seinem Verhalten und den Liebesbeteuerungen auf einmal nicht mehr einverstanden war. Sollte vielleicht ein anderer Mann im Spiel sein?

Karl klagte seinem Freund Hans-Georg (kurz Hansi genannt) sein Leid. Er teilte den Liebesschmerz, und beide fühlten sich in ihrer Meinung bestätigt, daß die »Weiber« alle falsch und hinterlistig seien.

Karl hing jedoch an dem Mädchen, oder war es einfach nur ein Besitzanspruch? Die beiden Freunde heckten einen teuflischen Plan aus: Petra sollte aus ihrer Wohnung entführt werden. Sie wollten mit ihr sprechen und sie davon abhalten, daß sie sich von Karl trenne.

Was sollte aber geschehen, wenn das Mädchen weiter auf die Lösung der Beziehung bestehen würde?

Karls Vater war Jäger und besaß demzufolge Jagdwaffen, die er zu Hause vorschriftsmäßig in einem Waffenschrank aufbewahrte. Aber Freund Hansi wußte, wie man das Problem lösen könne. Eine der Jagdwaffen mußte »einfach« aus dem Schrank geholt werden ...

Mit Werkzeugen wurde der Waffenschrank aufgebrochen und ein Gewehr mit Munition entnommen.

»Was wollen wir damit?« fragte Karl zunehmend verunsichert.

»Wart's ab!« antwortete Hansi und schnappte sich die Autoschlüssel von Karls Vater, der als Jäger einen »Trabant Kombi« besaß.

»Laß uns fahren!« sagte Hansi, schob das Gewehr in den Trabi und ermunterte seinen Freund einzusteigen. Dann ging die Fahrt zur Wohnung von Petras Eltern, wo Hansis Plan umgesetzt werden sollte.

Als das Mädchen, es war knapp 20 Jahre alt, nach dem Ertönen der Klingel die Tür öffnete, griffen beide Petra an den Armen und zerrten sie zum Trabi. Es ging alles so schnell, daß niemand die Entführung bemerkte.

Die Fahrt ging aus dem Bezirk Suhl in Richtung Ilmenau, Kranichfeld, Bad Berka. Während der Fahrt versuchte Karl immer wieder, seine Freundin zu überreden, bei ihm zu bleiben und ihn nicht zu verlassen. Dabei bedrohte er die junge Frau mit der Waffe.

»Entweder du bleibst bei mir oder ich erschieße dich!«

»Spinnst du?« fragte erschrocken das Mädchen. »Nimm das Gewehr herunter!«

»Bleibe bei mir und alles wird gut!«

»Nein!«

Karl geriet in Rage und verlor die Fassung vollends. Und auch Hansi mischte sich in den Streit der beiden ein.

»Mach doch keinen Scheiß! Bleib bei ihm!« brüllte er, hinter dem Lenker sitzend. Doch die junge Frau blieb standhaft bei ihrer Absicht, Karl zu verlassen. In dieser Situation ein gefährlicher Fehler!

Karl wollte unbedingt verhindern, daß ein anderer Mann mit Petras Körper in Berührung kam oder gar Zärtlichkeiten austauschte. Inzwischen hatten beide Männer völlig die Kontrolle über sich und die entstandene Situation verloren.

In der Nähe eines Vorortes von Weimar, wenige Kilometer von der Autobahn entfernt, drückte Karl die Waffe nochmals an Petras Kopf. Es kam zu einer Rangelei im Auto, in deren Verlauf Hansi das Fahrzeug anhielt.

Dann war es soweit: Petra wurde aus dem Fahrzeug gezerrt, in den Straßengraben gestoßen und mit einem gezielten Schuß getötet. Die beiden jungen Männer ließen das Opfer liegen und fuhren auf die Autobahn in Richtung Hermsdorfer Kreuz.

Jetzt faßten die beiden Mörder den Entschluß, über die Grenze in die BRD zu fliehen. Zwischenzeitlich hatte Karls Vater den Einbruch und den Diebstahl einer seiner Jagdwaffen mit Munition festgestellt und sofort die Polizei informiert. Das Fehlen des PKW »Trabant« führte zur sofortigen Einleitung der Fahndung.

Schnell erhärtete sich der Verdacht, daß die beiden jungen Männer ihre Finger dabei im Spiele gehabt haben könnten.

Die Polizei lokalisierte den Trabi hinter Stadtroda auf der Autobahn. Umgehend wurde eine Sperre errichtet. Nun folgte der letzte verzweifelte Versuch der Täter, ihre Flucht fortzusetzen. Das Auto fuhr mit hoher Geschwindigkeit auf die Straßensperre zu. Wahrscheinlich wollten die Täter mit dem Trabi die Sperre rammen und durchbrechen, ein wahnsinniges Unterfangen.

Die Polizei gab ihrerseits Warnschüsse ab und machte dadurch deutlich, daß sie gezielt schießen würde, wenn die Täter nicht aufgäben. Die Warnschüsse und die Aussichtslosigkeit ihrer Lage ließ die Täter zur Besinnung kommen. Sie gaben auf und stoppten ihr Fahrzeug.

Die beiden stiegen mit erhobenen Händen aus. Die Aktion war dank des umsichtigen Handelns der Polizeikräfte unblutig beendet worden. In der Zwischenzeit hatte man auch die Leiche Petras im Straßengraben gefunden. Die Rechtsbrecher handelten gemeinsam. Geschossen hatte aber nur Karl. Beide wurden der Volkspolizei – Kreisamt Weimar – zugeführt. Der Leiter der Mordkommission kam mit seinen Spezialisten zum Einsatz. Es war der Gerichtsmedizin ein leichtes, bei der Obduktion die Todesursache und die Zeit des Todeseintritts festzustellen.

Zum Schluß noch eine Anekdote:
Die Diensträume der Kriminalpolizei befanden sich in der oberen Etage des Gebäudes. Die beiden Vernehmungszimmer für Karl und Hans-Georg besaßen keine Vergitterungen an den Fenstern. Als Karls Vernehmer einen Anruf entgegennahm, nutzte dieser die Gelegenheit, fuhr plötzlich hoch und rannte zum Fenster. Blitzschnell öffnete er es und sprang hinaus.

Er wußte aber nicht, wie tief es war und wo er landen würde. Die Dienstzimmer befanden sich in der zweiten Etage! Für ihn gab es jedoch nur einen Gedanken – zu flüchten. Ein Selbstmordversuch stellte seine Handlung nicht dar. Was der Täter nicht wissen konnte: Er fiel genau in den Hof der Untersuchungshaftanstalt ...

Wie durch ein Wunder zog er sich lediglich einen Beinbruch und Stauchungen zu. Er landete also dort, wo er auch wenig später hinkommen sollte. Das nennt man »Ironie des Schicksals«.

Ein Angehöriger der Haftanstalt soll sarkastisch bemerkt haben: »Der hatte es aber eilig, zu uns zu kommen.«

Für uns ergab sich nun mit allen Vernehmungszimmern der Dienstelle ein Problem. Dort, wo sie sich in höheren

Etagen befanden, mußten die Fenster vergittert werden, nicht zuletzt zum Schutz der Tatverdächtigen selbst.

Beide Täter wurden zu lebenslanger Freiheitsstrafe verurteilt. Manchmal sagt man »Liebe macht blind!« Das traf auf diese beiden eiskalt handelnden Täter in keiner Weise zu.

Kaufrausch

Mitte der 80er Jahre meldete der Leiter eines Produktionsbetriebes in einer Kreisstadt des Bezirkes Erfurt einen Raubüberfall auf die Mitarbeiterin einer Betriebskasse. Dieser Raubüberfall sollte zwischen 14 und 15 Uhr stattgefunden haben. Die Meldung bei der Polizei ging aber erst um 17 Uhr ein.

Im besagten Betrieb waren zirka 200 Mitarbeiter beschäftigt. Am Haupteingang des Betriebes stand ein Verwaltungsgebäude, unterhalb des Betriebsgeländes befanden sich die Produktionswerkstätten. Das Verwaltungsgebäude war einst ein normales Wohnhaus. Aus diesem Grund hatte man einen weiteren Anbau danebengesetzt.

Die Fenster des Wohnhauses gestatteten nur noch den Blick auf die Hinterfront des Anbaus, zwischen Wohnhaus und Anbau war also ein schmaler Gang entstanden. Am Ende dieses Ganges befand sich die Tür zur Kasse, die aber nur von Berechtigten betreten werden durfte. Die Tür selbst diente als Kassenschalter. Sie war aus massivem Holz. Der obere Teil der Tür war aus geriffeltem Glas gearbeitet. Das Glasfenster der Tür konnte nach oben geschoben werden. Durch diese Durchreiche erfolgte der Kassenverkehr.

Hinter der Tür stand ein schmaler Tisch, auf dem die Stahlkasse festgeschraubt war. Die Kassiererin sah demzufolge nach dem Öffnen des Fensters ihren Ansprechpartner nur vom Bauch aufwärts bis zum Kopf.

Um sich mit ihren Kunden im täglichen Geschäftsverlauf unterhalten zu können, mußte sich die Kassiererin Ines A. etwas bücken und den Kopf nach vorn strecken. Solch schwierige Arbeitsverhältnisse sind für viele Menschen heute kaum noch vorstellbar, aber viele Mitarbeiterinnen und Mitarbeiter aus dieser Zeit können gewiß darüber noch so manches Liedchen singen.

Am Tattag hielt sich die Kassiererin Ines A. gewohnheitsgemäß in ihrem Arbeitsbereich auf. Sie war mit einer Büroangestellten aus der Verwaltung befreundet und trank in deren Büro, wo die Möglichkeit zum Kaffeekochen gegeben war, täglich gegen 15 Uhr ihren Kaffee.

Die Büroangestellte hatte den Kaffee pünktlich fertig und wartete nun auf Ines A. Nach zehn Minuten rief sie bei der Kasse an, aber es meldete sich niemand. Einige Minuten später eilte sie in den Kassenbereich.

Durch die geöffnete Außentür konnte man bis zum Kassenschalter sehen, aber von Ines A. keine Spur! Auch auf Rufen meldete sich niemand.

Ein anderer, gerade hinzugekommener Betriebsangehöriger verließ mit ihr den Gang. Die beiden waren verwundert, glaubten aber, Ines A. hielte sich in Kassenangelegenheiten innerhalb des Betriebes auf, was gelegentlich vorkam. Kurz vor Feierabend gegen 16 Uhr erhielt der Personalchef der Verwaltungsabteilung aus dem Kassenbereich einen Anruf. Ines A. meldete sich weinend und völlig aufgelöst mit der Mitteilung, sie sei überfallen worden.

Der Personalchef begab sich sofort zum Tatort und stellte fest, daß das Kassenfenster offen stand und Blutspuren daran sichtbar waren. Ines A. saß blutüberströmt auf dem Boden. Auf ihrer Stirn klaffte eine große Wunde. Die Frau zitterte am ganzen Leib und stammelte immer wieder: »Er hat alles Geld mitgenommen.« Danach versank sie in apathisches Schweigen.

Der Personalchef verständigte sofort den Rettungsdienst und die Polizei. Es dauerte nur wenige Minuten, bis der Rettungsdienst eintraf. Ines kam in das Kreiskrankenhaus, die Stirnwunde wurde genäht, und da der Verdacht auf eine Gehirnerschütterung bestand, wurde sie stationär zur Beobachtung aufgenommen.

Als ich die Meldung von diesem Überfall erhielt, schickte ich mehrere Spezialisten der Kriminaltechnik und einige Ermittler zum Ort des Geschehens. Auch ich verschaffte mir am Tatort einen Überblick.

Dort wurden, außer erheblichen Blutspuren auf der Kassette sowie auf dem Tisch und dem Fußboden, kaum weitere Spuren gefunden. Allerdings war der gesamte Gang von unten bis zur Außentür mit Schuhabdruckspuren übersät. An der Türklinke gab es nur überdeckte Fingerabdrücke, die nicht auswertbar waren. In der Kassette fehlte der Betrag von 3000 Mark, die Fingerspuren in und an der Kasse stammten eindeutig von der Kassiererin. Nach Rücksprache mit dem behandelnden Arzt bekamen wir die Erlaubnis zur Vernehmung von Ines A.

Ihre Aussagen ergaben folgenden Sachverhalt:

Zur Tatzeit gab es wenig Bewegung im Kassenbereich. Zwischen 13.30 und 14 Uhr klopfte es an die Tür der Kasse. Ines A. öffnete das Schiebefenster und sah nur den Bauch- und Brustbereich eines Mannes. Als sie den Kopf in die Richtung des geöffneten Fensters bewegte, griff der Unbekannte mit großer Kraft in ihre Haare, hob ihren Kopf etwas an und schlug sie mit großer Kraft auf die Stahlkasse. Sie habe sofort das Bewußtsein verloren.

Als sie nach einiger Zeit wieder zu sich kam, bemühte sie sich zuerst, die Kassenfensterklappe zu verschließen. Mit Schreck stellte sie fest, daß die Kasse leer war. In diesem Augenblick versank sie wieder in eine tiefe Bewußtlosigkeit. Erst kurz vor 16 Uhr sei sie wieder zu sich gekommen und nun in der Lage gewesen, den Personalchef anzurufen.

Nun wurde Ines A. befragt, ob sie irgendwelche Angaben zum Täter machen könne. Sie sagte aus, daß alles in Sekundenschnelle abgelaufen sei, sie sich aber an den Hosengürtel des Täters erinnern könne. Sie beschrieb den Gürtel als braun, relativ schmal und mit einem eigenartigen Muster versehen, das sie aber nicht genau beschreiben konnte. Außerdem mußte der Täter von großer Gestalt gewesen sein, denn auch sie war groß, und er hatte trotzdem mühelos ihren Haarschopf erfassen können. Mehr Informationen waren nicht vorhanden.

Im Gang zur Kasse standen Vervielfältigungsgeräte und die damals dazugehörige Tinktur. Alles stand noch ordnungsgemäß an seinem Platz, nichts war davon umgeworfen. Der Täter war also nicht in Panik geflüchtet, sondern schien trotz der Enge den Kassengang seelenruhig verlassen zu haben.

Nun wurden die Kollegen der Wache am Haupttor befragt. Hier waren als Besucher des Werkes nur zwei Ingenieure registriert, die auch noch nach 17 Uhr an einer Beratung der Werksleitung teilgenommen hatten. Also kam für uns als Täter in der ersten Tatversion eigentlich nur ein Angehöriger des Betriebes in Frage.

Die Außentür fiel am Nachmittag nur zweimal mit einem entsprechenden Geräusch ins Schloß. Wie sich herausstellte, war das gegen 15 Uhr, als man Ines A. zum Kaffee lud.

Da solche Delikte damals selten waren und eine schwere Straftat darstellten, mußte ich meiner Frau wieder einmal mitteilen, daß ein Mitarbeiter zu Hause vorbeikommen würde, um meinen Trainingsanzug und die Zahnbürste zu holen. Dann schlug ich mein Lager im Dienstzimmer des Leiters der K in der Kreisstadt auf.

Am anderen Tag befragte ich noch einmal den Personalchef, Herrn M., zur Situation, wie er Ines A. im Kassenbereich aufgefunden habe. Außerdem bat ich ihn, zu ihrer Person Aussagen zu machen. Während der Aussprache fiel

mir plötzlich etwas auf. Der Personalchef trug einen braunen Hosengürtel mit einem recht auffälligen Muster.
»Das ist ja der Gürtel des Täters!« rief ich laut aus, worauf Herr M. bis ins Mark erschrak. Er wurde kreidebleich.
»Ich, ich verstehe nicht ...«, stammelte er und beruhigte sich erst, als ich ihm von der Aussage von Ines A. erzählte. Natürlich konnte Herr M. für die gesamte Zeit ein Alibi vorweisen, was mehrere Mitarbeiter bestätigten.

Zur Person von Ines A. gab er folgendes zur Auskunft: Die Mitarbeiterin arbeite schon mehrere Jahre ohne Auffälligkeiten im Betrieb. Außerdem sei sie sehr modebewußt, andere Kolleginnen hätten sich schon oft gefragt, wie sie die teuer wirkende Kleidung finanziere.

Nun versuchten wir, ein Weg-Zeit-Diagramm zu erarbeiten. Dieses Diagramm erfaßte die Personenbewegung zur und von der Kasse. Die Auswertung ergab, daß alle zur Tatzeit ein- und ausgehenden Personen im Kassenbereich gesehen wurden. Eine unbekannte Person konnte nicht festgestellt werden.

Die Befragung der befreundeten Büroangestellten, die Ines A. zum Kaffee abholen wollte, ergab interessante Aspekte. Ines A. habe nämlich einen größeren Betrag im Lotto gewonnen. Dieser Angabe mußten wir natürlich nachgehen. Die Bezirkslottostelle befand sich hinter der »Arche« in Erfurt, in der Nähe des Domplatzes. Dort erhielten wir die Auskunft, daß kein Lottogewinn in der Kreisstadt und auch nicht in Erfurt an Ines A. ausgezahlt wurde. Immer mehr Widersprüche in dieser Tat drängten sich auf. Wir stellten uns folgende Fragen:

Sollte Frau Ines A. die Tat vorgetäuscht haben?
Hätte Frau A. nicht nach dem ersten Erwachen aus der Bewußtlosigkeit den Personalchef benachrichtigen können?
Warum hatte sie den Gürtel von Herrn M. beschrieben?

Womit bezahlte sie ihre modischen Extravaganzen? Warum verbreitete sie Lügen über einen Lottogewinn? Es gab keine unbekannten Personen und keine Personen ohne Alibi im Kassenbereich der vorgegebenen Tatzeit.

Nun wurde Ines A. noch einmal gründlich und mit sehr geschickt vorgebrachten Fragen vernommen. Für sechs Stunden hielt sie ihr Lügengebilde aufrecht. Bei der Nachfrage nach dem vermeintlichen Lottogewinn stellte sie die Freundin als Lügnerin dar. Endlich gingen ihr sämtliche Argumente aus und sie legte unter vielen Tränen ein Geständnis ab.

Sie gab zu, unter einer Kaufsucht zu leiden, die immer wieder zu großem Streit in der Familie geführt hatte. Da sie jahrelang eine gute Kassenleiterin gewesen war, glaubte sie, daß die Kollegen ihr keinen vorgetäuschten Raub zutrauen würden. Nachdem sie gedanklich den Tatvorgang durchgespielt hatte, schritt sie zur Ausführung. Sie hob den Kopf hoch und knallte ihn voller Wucht gegen die Kasse. Tatsächlich verlor sie für kurze Zeit das Bewußtsein und stürzte zu Boden.

Nach dem Erwachen tupfte sie sich etwas Blut ab und sah im Spiegel die Platzwunde. Den Telefonanruf der Büroangestellten überhörte sie geflissentlich, sie wollte ja am Boden liegend gefunden werden. Endlich vernahm sie das Türgeräusch, als die Büroangestellte sie holen wollte. Leider machte sie sich nicht die Mühe, bis zum Schalter zu kommen.

Ines A. hatte nicht bedacht, daß man ihre Umrisse ja nicht sehen konnte, wenn sie auf dem Boden lag. Noch einige Male hörte sie die Tür und immer warf sie sich zu Boden. Aber keiner machte sich die Mühe, da sie ihre Umrisse nicht sehen konnten, näher an das Fenster heranzugehen. Deshalb blieb ihr kurz vor Feierabend nichts übrig, als den Chef selbst anzurufen.

Ines A. gab zu, in der letzten Zeit immer Geld aus der Kasse genommen zu haben. Damit habe sie in Erfurt ihre Kaufsucht befriedigt. Den größten Teil des gestohlenen Geldes, so gab sie an, habe sie in ihrer Angst vernichtet. Sie habe es mit der Vervielfältigungstinktur getränkt und in der Toilette verbrannt.

Die Sickergrube des Werkes wurde nach Brandresten abgesucht, aber ohne Erfolg. Der größere Teil des Geldes wurde nie gefunden, Ines behielt ihr Geheimnis für sich.

Die Kassiererin Ines A. wurde zu einer zweijährigen Gefängnisstrafe verurteilt. Der Rundfunk brachte längere Ausschnitte aus der kuriosen Gerichtsverhandlung.

Der Feuerteufel sass im Kistenlager

Da das private Handwerk in der DDR ab Mitte der 70er Jahre immer mehr reduziert wurde, fehlten an allen Ecken und Kanten die sogenannten »tausend kleinen Dinge« des Lebens. Die Kombinate mußten die wirtschaftlichen und damit auch politischen Führungsfehler der Berliner Parteispitze ausbaden. Um den Mangel an »Konsumgütern« wenigstens etwas einzudämmen, wurden alle Kombinate und größeren volkseigenen Betriebe dazu verdonnert, nebenbei eine Palette Konsumgüter zu produzieren.

Die nun folgende Tat ereignete sich 1986 oder 1987, als die Beziehungen zwischen Ost und West (damit sind nicht nur diejenigen zwischen der DDR und der BRD zu verstehen) nicht die besten waren.

In der Stadt S. fertigte man in einem großen Kombinat, das eigentlich Büromaschinen herstellte, begehrte Radios und Kassettenrecorder, die in Holzgehäuse eingebaut wurden und später einen gewissen Kultstatus erlangen sollten. Aufgrund dieser einzigartigen Fertigung gab es daher ein sogenanntes Kistenlager, wo das recht wertvolle Holz gelagert wurde. Dieses befand sich unmittelbar vor dem Sozialtrakt. Dort waren auch Verkaufsstelle, Kantine und Speisesaal untergebracht. Wer also in den jeweiligen Arbeitsschichten (Früh- und Spätschicht) zum Essen ging, mußte den Weg durch das Kistenlager benutzen.

Eines Abends erhielt ich durch den Kriminaldauerdienst die Meldung, daß in diesem Lager eine brennende Kerze festgestellt wurde, die mit einer dünnen, mit flüssigem Wachs getränkten Schnur versehen war.

Das Ende dieser Schnur lag direkt in einem kleinen Ballen Holzwolle unterhalb der wertvollen Kisten. Nach Abbrennen der Kerze wäre die so gebildete Lunte in diese Holzwolle gelaufen und hätte einen verheerenden Brand ausgelöst.

Hinzu kam, daß elektrische Leitungen über dem Lager entlangführten. Es war ein großes Glück, daß der Sicherheitsbeauftragte W. diese brennende Kerze bemerkte und auslöschte. Dann erfolgte die Anzeige wegen Verdachts auf vorsätzliche Brandstiftung. Auch ein Sabotageakt konnte nicht ausgeschlossen werden.

Unter Leitung eines sehr erfahrenen Dezernatsleiters schickte ich eine Einsatztruppe nach S. Es wurde geprüft, wie die Einlaßkontrollen am Tor des Werksgebäudes funktionierten. Dabei stellten meine Leute fest, daß sich zur Spätschicht offiziell keine betriebsfremden Personen im Werk aufhielten. Hinweise, daß sich illegal Personen Zutritt verschafft haben könnten, gab es ebenfalls nicht.

Sollten der oder die Täter dem Werk angehören?

Welches Motiv könnte dabei eine Rolle gespielt haben?

Eine wichtige Aussage für die Ermittler war, daß der Sicherheitsbeauftragte die brennende Kerze feststellte, als es schon etwas dunkel war. Mitarbeiter, die vorher zum Speisesaal gingen, bemerkten sie nicht.

Wir wollten die Tatzeit bestimmen. Die Personenbewegung herauszubekommen, war ein Kinderspiel. Es waren etwa ein Dutzend Kollegen, die zuvor durch das Kistenlager gegangen waren, um zum Sozialtrakt zu gelangen. Keiner von ihnen hatte eine brennende Kerze bemerkt.

Der Leiter der Einsatzgruppe (heute Soko) schlug mir vor, am anderen Tag zur gleichen Zeit ein Experiment durchzuführen. Es wurde dann tatsächlich an derselben Stelle eine brennende Kerze aufgestellt.

Schon die ersten beiden Arbeiter, die den Weg zum Speisesaal nahmen, entdeckten sie, da der Lichtschein der Kerze nicht zu übersehen war.

»Was ist das schon wieder?« rief einer der Kollegen. Wir nahmen ihre Wahrnehmungen dankbar an, da sich nunmehr für die Aufklärung andere Möglichkeiten ergaben. Wieso hatte der Sicherheitsbeauftragte Udo W. die brennende Kerze entdeckt und nicht die anderen Kollegen? Sollte er etwas mit der Straftat zu tun haben? Wir erfuhren über ihn, daß er ein nach Geltungsbedürfnis strebender Mann war. Schon immer nahm er sich besonders wichtig.

In meiner langjährigen kriminalistischen Tätigkeit habe ich erleben müssen, daß z. B. Angehörige der freiwilligen Feuerwehr als Brandstifter ermittelt wurden. Das waren aber nur Einzelfälle, und keinesfalls soll die hervorragende, teilweise ehrenamtliche Arbeit der Kameraden geschmälert werden. Es ging oft um Anerkennung.

Udo W. könnte aus einer solchen Motivlage gehandelt haben. Wir durchsuchten sein Dienstzimmer und stießen auf gefertigte Lunten und Kerzen, die zum Teil halbiert waren. Nach kurzer Vernehmung gab er zu, die Straftat vorgetäuscht zu haben.

Die Kombinatsleitung hatte ihn zwischenzeitlich für eine Auszeichnung vorgeschlagen. Wie schizophren! Darin bestand auch das Motiv seines Handelns. Er wollte der »Retter« des Betriebes sein.

Das Gericht verurteilte ihn wegen Vortäuschung einer Straftat gemäß § 229 StGB in Tateinheit mit der Vortäuschung einer Gemeingefahr gemäß § 217a StGB der DDR. Eine Freiheitsstrafe von 18 Monaten auf Bewährung war hier angemessen.

Von deutsch-chinesischen Beziehungen

Mitte der 80er Jahre waren viele Bürger der Stadt Gotha entsetzt, als sie erfuhren, daß der einzige chinesische Staatsbürger unter ihnen – er betrieb ein An- und Verkaufsgeschäft – überfallen, beraubt und lebensgefährlich verletzt worden war. Wenige Tage später verstarb er an den Folgen der Verletzungen.

Es gab nicht wenige Menschen aus nah und fern, die diesen freundlichen, aber auch geschäftstüchtigen Mann aufsuchten. Sie verlangten nach ganz bestimmten exquisiten Gegenständen oder ließen sich vom umfangreichen Angebot überraschen. Von der Geschäftstüchtigkeit und Freundlichkeit konnten sich so manche Mitarbeiter der HO (Handelsorganisation) oder des Konsums eine »Scheibe abschneiden«. Herr Wang beherzigte ein altes chinesisches Sprichwort, das besagt: »Wenn du nicht lächeln kannst, eröffne keinen Laden!«

Vergleichen wir dieses Sprichwort heute mit der Freundlichkeit in chinesischen Gaststätten oder Verkaufseinrichtungen, findet es seine Bestätigung. Der Überfall auf Herrn Wang erfolgte an einem Tag, an dem das Geschäft geschlossen war, vermutlich in der Mittagszeit. Der oder die Täter erbeuteten die gesamten Einnahmen von mehreren 100 Mark. Alle Behältnisse waren durchsucht worden. Ob die Räuber dabei auf weitere Bargeldbeträge gestoßen waren, blieb unbekannt. In die »Karten« gucken ließ sich Wang natürlich nicht. Darüber hinaus fehlten auch einige wertvolle Gegenstände. Genaue Angaben zum Tathergang konnte keiner der Familienangehörigen machen.

Als Wang nicht wie üblich in der Mittagszeit nach Hause kam, ging seine Frau ins Geschäft. Im hinteren Teil des

Verkaufsraumes lag der am Kopf schwer verletzte Mann. Schnell war der Rettungswagen da, um dem Verletzten erste Hilfe zu leisten und ihn in das Krankenhaus zu bringen. Die herbeigerufene Kriminalpolizei übernahm die weiteren Ermittlungen.

Als feststand, daß Herr Wang überfallen und beraubt worden war, kamen zudem Spezialisten aus meinem Bereich zum Einsatz. Die Maßnahmen zur Täterermittlung und damit auch der Fahndung wurden intensiv geführt und waren anhand der gesicherten Spuren und ihres Vergleiches mit denen einschlägig Vorbestrafter ergebnislos.

Immer stärker gerieten Angehörige und Bekannte des Chinesen selbst in Verdacht. In diesem Bereich zu ermitteln, war sehr schwer. Die Leute wohnten in verschiedenen Städten der DDR, und ob alle durch unsere Behörden erfaßt waren, wußte niemand von uns. Nach einem aufgestellten »Verbindungsspiegel«, in dem alle Personen, die Kontakt zum Opfer unterhielten, gelistet wurden, nahmen wir Alibiüberprüfungen vor – ohne Erfolg.

Dann erreichte uns ein Anruf aus dem chinesischen Konsulat in Leipzig. Der Konsul höchstpersönlich wollte nach Gotha kommen, um sich über den Stand der Ermittlungen zu informieren. Natürlich mußte ich als Leiter der Untersuchung zur Verfügung stehen.

Zum festgelegten Termin erschien der chinesische Konsul mit seinem Gefolge im VPKA* Gotha. Ich erstattete Bericht, legte alle Ermittlungsergebnisse auf den Tisch und begründete die Vermutung, daß der oder die Täter vermutlich im chinesischen Umfeld des Verstorbenen zu suchen seien.

Der Konsul, sichtlich von unserer Arbeit beeindruckt, stellte zwei Fragen nach dem weiteren Vorgehen. Dann folgte

---

* Volkspolizei-Kreisamt

eine Aussage, die ich zeit meines Lebens nicht vergessen werde. Er hob die fleißige Arbeit der Polizei hervor und ließ folgenden Satz durch seinen Dolmetscher übersetzen: »Dieses Verbrechen wird die enge Freundschaft zwischen der Volksrepublik China und der DDR nicht beeinträchtigen!«

Wie stolz waren wir doch alle, die kleine DDR so erfolgreich repräsentiert zu haben ...

Der Fall wurde nie geklärt. Im internen Kreis der Chinesen wußte man offensichtlich mehr, was uns wiederum beweist – Chinesen können nicht nur gut lächeln, sondern auch hervorragend schweigen.

Die Bombe auf dem Zwiebelmarkt

Was wäre Weimar ohne seinen Zwiebelmarkt, der seit 1949 jährlich am zweiten Sonnabend des Oktobers stattfindet? Urkundlich bereits für den 4. Oktober 1653 als »Zippel- und Viehmarkt« erwähnt, entwickelte er sich in der Folgezeit zum beliebtesten Volksfest in Mitteldeutschland. Neben den bekannten Zwiebelzöpfen, anderen Gebinden sowie Figuren, den sogenannten Zwiebelinchen, kamen zusehends als Handelswaren Keramik, Gemüse, Trockenblumen, Haushaltsgeräte und vieles mehr dazu. Die Zwiebelbauern aus Heldrungen waren immer »federführend«.

Leider mußten wir immer wieder feststellen, daß Gruppen oder auch Einzelpersonen dieses sehr beliebte Volksfest ausnutzten, um zu stören und zu randalieren. Davon blieben vor allem der Goethepark und das Webicht nicht verschont. Die Hinterlassenschaften der »Rowdys« waren Flaschen, Scherben, Papier, Feuerstellen und völlig verdreckte und zerstörte Rasenflächen.

Im Webicht wurde einmal eine Wasserleitung beschädigt. Dadurch kam es zu Produktionsausfällen im Weimar-Werk. Um sich überdachte Unterkünfte zu verschaffen, erfolgten auch Einbrüche in Gartenlauben und Aufenthalte in gefährdeten Abrißgebäuden.

Wir Kriminalisten und andere Kräfte der Polizei sowie staatliche und gesellschaftliche Organe mußten uns mit allen diesen Problemen im Vorfeld intensiv befassen. Im Vordergrund stand dabei die Vorbeugung solcher Ausschreitungen und Straftaten. »Nebenbei« bearbeiteten wir zudem den täglichen aktuellen Kriminalitätsanfall, wie z. B. Einbrüche, Diebstähle und Körperverletzungen. Für uns alle brach mit solchen Volksfesten eine sehr arbeitsintensive

Zeit an – der 24-Stunden-Dienst wurde zur Normalität und zur hohen physischen und psychischen Belastung.

Im Jahr 1979, am Vorabend der Eröffnung des Zwiebelmarktes, war der Hauptbahnhof Weimar hoffnungslos überfüllt. Die dort durchgeführten Personenkontrollen ergaben, daß sich gewisse Personen nicht ausweisen und auch keine Übernachtungsmöglichkeit vorweisen konnten. Ein großer Teil dieser Leute traf schon stark angetrunken ein.

Die Deutsche Reichsbahn informierte uns über erhebliche Sachschäden und Verunreinigungen in Abteilen der Züge, in denen diese Gruppen gesessen hatten. Außerdem klagten andere Fahrgäste über Pöbeleien und andere Belästigungen während der gesamten Zugfahrt.

Wir hatten die Turnhalle der Käthe-Kollwitz-Schule für viele Jugendliche mit schmalem Geldbeutel zu einer Übernachtungsmöglichkeit umfunktioniert. Andere bekamen umgehend ihre Rückfahrkarte ausgehändigt und wurden sogar mit Personenschutz wieder zu den Zügen der Reichsbahn zurückgebracht.

Weimar war nicht geneigt, dieses einzigartige Volksfest stören zu lassen. Ich kann mich noch gut erinnern, daß wir Einheimische in den frühen Morgenstunden loszogen, um die raren Zwiebelzöpfe, Wandteller und Bierkrüge mit dem typischen Zwiebelmarktmuster zu erstehen. Noch heute zieren diese Erwerbungen die Sitzecke meiner Küche.

Auch meine Söhne wollten damals schon immer um vier Uhr geweckt werden. Sie zogen mit ihren Freunden los, und natürlich bekamen sie Kaufaufträge und das Taschengeld für eine gute Thüringer Bratwurst, Speck- und Zwiebelkuchen. Heute ist dieses Fest in seinen räumlichen Ausmaßen viel größer und bietet Gästen aus aller Welt sehr viel Sehenswertes.

Am Vortag des Zwiebelmarktes des Jahres 1979 aber absolvierte ich einen 24-Stunden-Tag und machte mich in den frühen Morgenstunden jenes Sonnabend auf, um einige Stunden zu schlafen. Es war ein zwar schon kalter, aber trotzdem herrlicher Herbstmorgen, und plötzlich kam mir die Idee: Wie gut würde ich zu Hause dastehen, wenn ich zum Frühstück ein paar warme Stücke Speck- und Zwiebelkuchen mitbringen würde? Gesagt – getan!

Also lief ich noch einmal in Richtung Innenstadt zurück, in der erwartungsvollen Hoffnung, daß die Stände schon geöffnet hätten. Als ich ungefähr 200 Meter vom Markt entfernt war, gab es einen sehr lauten Knall, als sei ein Böllerschuß abgefeuert worden. Die umherstehenden Leute wie auch ich schauten zum Himmel, man erwartete ein Spruchband, Fähnchen oder Luftballons.

Minuten später kamen aus der Richtung des Marktes Menschen gelaufen, die von einer Explosion berichteten. Als ich im Eilschritt dort anlangte, bemerkte ich zuerst, daß von einem Stand in unmittelbarer Nähe des Rathauses die Hinterwand weggeflogen war. Weitere Polizisten erschienen.

Unsere erste Annahme, daß eine Propangasflasche explodiert sei, erwies sich schnell als Irrtum. Vielmehr berichteten die Leute, die unmittelbar am Stand gestanden haben, daß es plötzlich am hinteren Ende des Verkaufsstandes eigenartig gezischt und gequalmt habe. Daraufhin wich die Menschenmenge zurück – zu ihrem Glück. Nach einer Detonation flog etwas durch die Luft und prasselte hernieder. Einige Besucher erlitten Verletzungen, darunter auch ein kleines Mädchen.

Natürlich sprach sich dieses Vorkommnis schnell herum, und immer mehr Neugierige strömten in Richtung des Marktes. Sehr schnell wurde der Ereignisort von der

Polizei weiträumig abgesperrt. Kriminaltechniker wurden angefordert, und auch die Feuerwehr kam zum Einsatz. Diese identifizierten den Sprengkörper als eine selbstgebastelte sogenannte »Rohrbombe«. An der Explosionsstelle wurden Fetzen eines Stoffbeutels gesichert. In diesem Beutel hatte der Täter oder die Tätergruppe die Bombe platziert. Offenbar war sie mit einem Zeitzünder versehen, vermutlich ein umgebauter handelsüblicher Wecker.

Die Kriminalisten und Spezialisten des Munitionsbergungsdienstes gingen sehr ruhig und sachlich vor, so daß sich die vielen Gäste schnell beruhigten und wieder die Freuden des Zwiebelmarktes genossen. Uns stellten sich mehrere Fragen:

Waren irgendwo noch andere Bomben gelagert? – Eine Nadel im Heuhaufen bei diesen Menschenmassen.

Wer waren die Täter?

Und welche Motive trieben sie zu solcher Tat an?

Man kontrollierte mit größten Kraftanstrengungen sämtliche Zwiebelmarktstände. Natürlich war auch meine wohlverdiente Auszeit vorbei, und die Arbeit ging weiter.

Dann folgte ein unglaublicher Fund. In einem Gepäckaufbewahrungsfach im Weimarer Hauptbahnhof wurde eine weitere Rohrbombe gefunden. Diese befand sich in einem weißen Plastikbeutel, der mit auffallenden bunten Motiven bedruckt war – damals war so ein Beutel etwas Besonderes und wurde nur in geringen Stückzahlen in der DDR hergestellt.

Wiederum hatte ein glücklicher Zufall Schlimmeres verhindert. Der im Gepäckfach aufgestellte Beutel war umgefallen. Dadurch lösten sich die Verbindungsdrähte zwischen der Rohrbombe und dem Wecker, der zum Zeitzünder umfunktioniert worden war. Ein Draht hing lose heraus.

Nach Einschätzung der Experten wäre bei einer Explosion der gesamte Gepäckautomatentrakt in die Luft geflogen. Angesichts der hohen Menschenkonzentration im Bahnhof an diesem Tag hätte es viele Opfer gegeben. Viele Kritiker, die die Sicherheitsmaßnahmen in der DDR als unangemessen intensiv monieren, werden uns Kriminalisten zumindest zugestehen, wenn man heutige schwere Vorfälle betrachtet (mit dem Verlust vieler Menschenleben), daß wir immer alle Kräfte mobilisiert haben, um Menschenleben zu schützen.

Wir untersuchten nun genau, aus welchen Bestandteilen die Bombe zusammengesetzt war. Ob die beiden Bomben einen Täterzusammenhang aufweisen konnten, blieb zumindest innerhalb der kriminalpolizeilichen Untersuchung ungeklärt, obwohl beide Bomben fast identisch waren. Die nichtgezündete Bombe war von einer schlichten, aber effektiven Bauart. In einem Metallrohr befanden sich Schwarzpulver, Patronen sowjetischer Schußwaffen, sogenanntes »Unkrautex« und Zucker.

Technisch war die Auslösung der Bombe durch einen Zeitzünder perfekt gelöst, was bewies, daß der oder die Täter über entsprechende Kenntnisse und Fähigkeiten verfügen mußten.

Aber wo sollten wir bei dieser in Weimar konzentrierten Menschenmasse beginnen, nach dem Täter zu suchen?

Da die nichtgezündete Bombe im Bahnhofsbereich gefunden wurde, lag die Vermutung nahe, daß der oder die Täter mit dem Zug angereist waren. Folgender Umstand kam noch erschwerend zu unserer Arbeit hinzu: Auf dem »Lindenberg«, dem Weimarer Hauptfußballplatz, fand an diesem Tag ein wichtiges Heimspiel (nach meiner Erinnerung gegen den 1. FC Magdeburg) statt. Da Weimar zu diesem Zeitpunkt oft noch »volles Haus« auf dem Lindenberg hatte, mußten auch dort die Sicherheitsmaßnahmen auf höchstem Niveau laufen. Es fanden erhöhte Einlaßkontrollen statt. Sicherheitskräfte in Zivil wurden in den Fanblöcken plaziert.

Doch das Spiel ging ohne Vorkommnisse zu Ende, und auch der Zwiebelmarkt wurde für Einheimische und Gäste, die von der potentiellen Gefahr kaum etwas bemerkt hatten, zu einem schönen Erlebnis. Für uns aber fingen die umfangreichen Ermittlungen in alle Richtungen erst an, denn es bestand die Möglichkeit, ja der Verdacht, daß sich die »Bombenanschläge« wiederholen könnten, zumal der oder die Täter bislang erfolglos geblieben waren. Die Sachschäden waren gering, Personen wurden ebenfalls nur leicht verletzt.

Zuerst fiel unser Augenmerk auf einen Fall, der sich mehrere Wochen vor dem Zwiebelmarkt ereignet hatte und für uns eigentlich als erfolgreich bearbeitet abgeschlossen galt. Damals brannten in Weimar in Richtung Sömmerda drei Strohschober bzw. Feldscheunen ab. Bereits nach dem zweiten Brand wurden Selbstentzündungen oder technische Ursachen von den Spezialisten ausgeschlossen. Es lag eindeutig Brandstiftung vor.

Alle Feldscheunen und Strohdiemen wurden erfaßt und bezüglich ihres Gefährdungsgrades bewertet. Die von Ortschaften weit abseits gelegenen waren besonders relevant und wurden nun von Sicherheitskräften bewacht. Eines Tages sahen die zur Observation eingesetzten Polizisten (sie lagen versteckt auf dem Strohdiemen), wie sich ihrem Objekt ein Moped näherte. Ein junges Paar stieg ganz in der Nähe des Strohschobers ab und ließ sich nieder.

Die jungen Polizisten kamen sich schon recht komisch vor, als sie dem Liebespaar, ob sie nun wollten oder nicht, beim Liebespiel zuhören und zusehen mußten. Aber dann passierte das Unfaßbare: Kaum waren die beiden mit dem Moped verschwunden, stellten die beiden Polizisten einen Brandgeruch fest. Plötzlich gab es einen dumpfen Knall, und das Stroh brannte. Mit einem schnellen Sprung vom Strohdiemen brachten sich die jungen Männer in Sicherheit. Jetzt war klar, daß die Brände mittels Zeitzündermechanismus ausgelöst wurden. Da von den Sicherheitskräften eine genaue Personen- und Bekleidungsbeschreibung vorlag und das Moped erkannt worden war, konnten die Täter leicht ermittelt werden.

Die beiden jungen Leute waren Studenten aus Weimar. Ihre Eltern waren auf das höchste entsetzt und erklärten sich bereit, zur Schadensregulierung beizutragen. Unsere Täter waren ausgesprochene Hobbychemiker und probierten gern den Ablauf chemischer Prozesse aus. Ihre Arbeitsmaterialien bestanden aus Versuchsprodukten für den Chemieunterricht, die sie sich nach und nach besorgt hatten.

Sie erklärten reumütig, nicht die Absicht gehabt zu haben, Personen oder gar Kinder zu verletzen. Sie waren hochintelligente junge Menschen. Der Schreck und die Scham über ihr Tun, die Trauer ihrer Eltern und die Mißbilligung ihrer Freunde waren eigentlich ihre größte Strafe. Von staatlicher Seite fiel diese verhältnismäßig gering aus. Die Arbeitsstunden, die sie in den landwirtschaftlichen Betrieben leisten mußten, zeigten ihnen sicher, wie wichtig Stroh für die Landwirtschaft ist.

Nach nur kurzer Beratung wurden diese jungen Menschen aus unserem Täterkreis ausgeschlossen. Nun begannen wir, die Sache von einer ganz anderen Seite zu betrachten. Über den Erwerb des Zündstoffes müßte man an die oder den Täter herankommen. Nun wurde festgestellt, daß die Beschaffung von Zündpulver und Munition zu den in der

Kaserne in der Leibnizallee stationierten sowjetischen Soldaten führte. Über Schüler einer höheren Klasse bekamen wir Hinweise, daß einige Mitschüler über Munition und sogar über eine Panzerabwehrrakete verfügten.

Bei einer Hausdurchsuchung bewahrheiteten sich die Aussagen der Schüler. Und tatsächlich: Unter dem Bett eines Jugendlichen fanden wir eine kleinere Panzerfaust! Nach seinen Aussagen wollte er damit eine fröhliche Silvesterparty gestalten. Immer wieder gelang es Jugendlichen, sowjetische Soldaten dazu zu bewegen, gegen Zigaretten und Alkohol einzelne Munition, Patronengürtel oder – wie in diesem Falle – sogar eine funktionstüchtige Panzerfaust zu tauschen.

Nach diesem Fund meldeten sich Bürger, die am Horn und in der Umgebung wohnten und hin und wieder kleinere Detonationen wahrgenommen, aber nicht für wichtig genommen hatten. Wir führten den Jugendlichen immer die große Gefahr, in der sie sich bei unbefugtem Munitionsbesitz befanden, vor Augen. Zudem versuchten wir, ihnen die Angst vor Sanktionen zu nehmen.

Eines Tages erreichte uns eine unfaßbare Nachricht. Ein Jugendlicher, der dort in der Nähe wohnte, hatte sich das Leben genommen. Er stürzte sich vom Viadukt der Sechs-Bogen-Brücke im Webicht. Zuerst blieben die Motive des Selbstmordes im dunkeln und wiesen keinerlei Verbindungen zu unseren Ermittlungen auf.

Der Vater des toten Jungen trug jedoch wesentlich dazu bei, Licht in das Dunkel des Geschehens zu bringen. Der tote Junge, Peter H., unterhielt ziemlich enge freundschaftliche Kontakte zu den Cousins Rolf U. und Dieter B. Diese drei Freunde hatten sich geschworen, niemals die Geheimnisse der Dreiergruppe zu verraten. Uns stellte sich folgende Frage:

Besaß Peter H. eventuell Kenntnisse über schwerwiegende Handlungen seiner Freunde und wurde mit diesem Problem nicht fertig, weil er die Taten nicht akzeptieren konnte?

Es verdichtete sich der Verdacht, daß die 18jährigen Cousins mit Munition und Zündmitteln experimentierten und für die Explosion auf dem Zwiebelmarkt in Betracht kamen.

Wieder führten unzählige Verdachtsmomente zu einer Hausdurchsuchung. Und diesmal förderte sie ein wahres Munitionsdepot zutage. Es mußte ein Kleintransporter der Marke B 1000 bereitgestellt werden, um die beschlagnahmte Munition abzutransportieren.

Die Cousins Rolf U. und Dieter B. sagten bei ihrer Vernehmung aus, daß sie den Plan gefaßt hatten, Rohrbomben auf dem Zwiebelmarkt zu zünden. Ihre Motive für die Bombenanschläge erfuhren wir nicht mehr, denn die weitere Bearbeitung des Falles übernahmen nun die zuständigen Organe des Ministeriums für Staatssicherheit.

Damit enden auch meine Kenntnisse über die Bearbeitung dieses Falles. Für die Bevölkerung Weimars ist dieser Zwiebelmarkt aufgrund des intensiven Einsatzes vieler Sicherheitskräfte bestimmt ein ereignisreicher gewesen.

Mit dem zuständigen Kommandeur der sowjetischen Kaserne wurde eine Auswertung des Vorfalls und der daraus resultierenden tragischen Ereignisse durchgeführt. Dabei wurde auch darauf hingewiesen, daß sich die Verhaltensweise der sowjetischen Soldaten auf die Tat begünstigend auswirkte. Er versprach, zukünftig stärkere Kontrollen durchzuführen.

Unter einer Bombe aus dem Bereich der konventionellen Waffen versteht man einen mit Sprengstoff oder Brandsätzen gefüllten Hohlkörper mit einer Zündvorrichtung für den Abwurf vom Flugzeug aus (z. B. Spreng-, Brand- oder

Atombombe, oder zur Bekämpfung von getauchten U-Booten die Wasserbombe). Als unkonventionelle Brand- und Sprengvorrichtungen werden im Sicherheitsbereich (z. B. Polizei) die selbsthergestellten bezeichnet. Darunter gehören auch die Rohrbomben. Selbst-hergestellte Gemische, z. B. aus Schwarzpulver, Munition, Zucker oder sogar Unkrautvertilgungsmitteln, führen zu Explosionen oder Bränden. Als Zündungsmittel dienen unter anderem Gasanzünder, Blitzlicht, Zeitzündschnüre, aber auch Uhren (z. B. Wecker). Als Einschließbehälter werden Rohre, Radiogeräte, Gasflaschen, Koffer, Taschen und zum Teil Spielzeuge wie Plüschtiere benutzt.

Ein brutaler Raub

Wie schnellebig ist doch die Zeit. Heute wissen meist nur noch die älteren Generationen in Weimar und Umgebung, wie z. B. die Straßenführung von Weimar nach Gaberndorf verlief. Die große Umgehungsstraße in Richtung Erfurt oder die Zufahrt nach Weimar Nord gab es noch nicht. Über eine nunmehr stillgelegte Trasse durch die Tunnelunterführung der Bahnstrecke Weimar–Erfurt verlief damals die Verbindungsstraße. Die Bewohner aus den umliegenden Ortschaften mußten sehr oft zu Fuß nach Weimar oder in die umgekehrte Richtung laufen. Diese Unterführung wurde nun Anfang der 60er Jahre zum Tatort eines brutalen Raubes.

Meine Geschichte resultiert aus den Erfahrungen der älteren Generation, die durch Kriegsjahre und Geldab- und Umwertungen sehr oft ihr gesamtes Hab und Gut verloren hatten. Auch das Vertrauen in die Sparbanken war nicht immer vorhanden.

Ähnlich dachte auch der Rentner Anton S., der es nicht übers Herz brachte, sein sauber erspartes Geld einem Bankinstitut anzuvertrauen. So hatte er es sich zu eigen gemacht, seine Ersparnisse immer »am Mann« zu tragen, wenn er das Haus verließ.

Im Grunde war Anton S. ein sehr sparsamer Mensch, aber er war auch oft einsam, und so ließ er sich sein tägliches Bierchen nicht nehmen, um ein wenig unter Menschen zu sein. Es war meist dieselbe kleine Kneipe in Weimar, in der er sich aufhielt. In dieser Kneipe ließ sich des öfteren auch unser späterer Täter nieder. Dabei hatte er schon mehrere Male die prallgefüllte Brieftasche des späteren Opfers bemerkt.

Immer wieder dachte er darüber nach, wie er an das Geld kommen könne. Zuerst machte er ausfindig, wo Anton S. wohnte. Damit war ihm klar, daß Anton S. auf jeden Fall die Landstraße entlanglaufen und die Tunnelunterführung benutzen mußte, um zu seiner Wohnung in Gaberndorf zu gelangen. Als er eines Abends Anton S. wieder in seiner Kneipe wußte, machte er sich auf den Weg, um rechtzeitig an der ausgesuchten Stelle zu sein. Die Straße war kaum beleuchtet, und der Autoverkehr hielt sich in Grenzen. Im Schutz der Dunkelheit lauerte er auf sein Opfer. Als Anton S. gegen 22.30 Uhr nichtsahnend die Tunnelunterführung betrat, griff ihn der Täter von hinten an und streckte den alten Mann mit einem schweren Hammer nieder. Rasch durchsuchte er die Bekleidung des Niedergeschlagenen und erbeutete die für ihn unvorstellbar hohe Summe von mehreren 100 Mark der DDR. Sein Opfer ließ er in einer sich schnell bildenden Blutlache liegen.

Zum Glück für Anton S. befuhr nur wenige Minuten später ein Trabantfahrer die Unterführung und bemerkte ihn rechtzeitig. Dank der sofort eingeleiteten Rettungsmaßnahmen kam Anton S. rasch ins Krankenhaus. Zwar wurde eine schwere Schädelfraktur festgestellt, aber er blieb am Leben.

Das Tatwerkzeug – ein Hammer – ließ der Täter am Tatort zurück. Anton S. selbst war noch nicht ansprechbar. Also mußte zuerst das Werkzeug Auskunft geben.

Wo wurde ein solcher Hammer benutzt?

Die Kriminalisten stuften den Hammer als »Pflasterhammer« ein. Es konnten daran Blutspuren gesichert werden, die dem Opfer zugeordnet wurden. Die Befragung der Steinsetzer in Weimar gab die Bestätigung, daß so ein Hammer beim Pflastern der Straßen zum Einsatz kam.

Nach 14 Tagen konnte Anton S. befragt werden. Er sagte

aus, daß der Täter ihn zwar von hinten angegriffen habe, aber zwischen dem ersten und zweiten Schlag habe er durch eine leichte Drehung erkannt, daß der Täter nicht größer als er, also höchstens 165 Zentimeter sei. Der brutale Räuber habe während der Tat kein Wort gesprochen. Nun konzentrierten sich unsere Ermittlungen besonders auf den Berufsstand des Steinsetzers in Weimar. Es gab hier zwar mehrere Personen, die schon in unseren Fokus geraten waren, aber wenige, die für diesen relativ schweren Beruf so klein waren. Am Ende hatten wir drei Steinsetzer im Visier, von denen einer taubstumm war. Der Mann war untersetzt, verfügte über extreme Kräfte und galt allgemein als sehr gefühlskalt. Für die Tatzeit besaß er kein Alibi. Er gab zwar an, zu Hause gewesen zu sein, was seine Familie auch bestätigte, aber mehrere Zeugen hatten gesehen, wie er vor der Tatzeit das Haus verließ. Außerdem sagten seine Kollegen aus, daß er in den Tagen nach dem Raub plötzlich die »Spendierhosen anhatte«.

Die Vernehmung dieses Mannes – Franz K. – gestaltete sich natürlich sehr schwierig, da wir immer wieder fachmännische Unterstützung brauchten, um seine Laute und Gebärden zu verstehen. Außerdem neigte er zum Jähzorn. Leider konnten wir am Stiel des Tatwerkzeuges keine Fingerspuren erkennen. Der Täter benutzte Handschuhe aus festem Material, die ebenfalls zur Ausstattung des Steinsetzerberufes gehörten. Aber es wurden Fasern gesichert, die wir eindeutig den Handschuhen des Franz K. zuordnen konnten.

Wir erwirkten umgehend einen Hausdurchsuchungsbefehl. Und nun fanden wir, was wir suchten. Im Wäschekorb des Steinsetzers lag ein ungewaschener Pullover, an dem Blut klebte, das schnell als das des alten Mannes bestimmt werden konnte.

Franz K. wurde umgehend verhaftet. Anfangs leugnete er beharrlich, aber die vorliegenden Beweise vernichteten alle seine Gegenargumente. Franz K. wurde wegen Raubüberfalls in Tateinheit mit schwerer Körperverletzung verurteilt. Nach Absitzen seiner Haftstrafe arbeitete er wieder in Weimar und sorgte für seine Familie, galt aber stets als unberechenbar und beherrschte seine Familie. Er lebt heute nicht mehr.

Tödlicher Tiefflug

Der Stausee Hohenfelden liegt nahe Kranichfeld und diente schon zu DDR-Zeiten zahlreichen Ausflüglern als beliebtes Ausflugsziel. Besonders aber freuten sich die Camper, wenn das Wochenende an die Tür klopfte. Ein Zelt stand neben dem anderen. Am Abend brannte, wie es in Thüringen Kult ist, der Bratwurstrost. Überall herrschte fröhliches Treiben. Die Kinder badeten im See oder tobten auf den Wiesen hinter dem Wasser. Für Gelegenheitsbesucher gab es eine kleinere Gastronomie. Die Menschen waren auch mit weniger Komfort in der Lage, dieses schöne Stückchen Natur zu genießen. Sogar im Winter, bei eisiger Kälte, zog es viele Menschen zum See, um Schlittschuh zu laufen. Schulen und andere Kindereinrichtungen nutzten dieses waldreiche und idyllische Stück Erde für Ausflüge und Spaziergänge.

Es war Mitte der 70er Jahre an einem heißen Sommertag. Die Kriminalisten Albert P. und Bernd R. fuhren nach einem Einsatz in Bad Berka mit ihrem Dienst-Trabi in Richtung VPKA Weimar. Die Temperatur im Auto war drückend heiß. Immer wieder wischten sich die Kriminalisten die Schweißperlen vom Gesicht. Obwohl ihnen durch das geöffnete Fenster der Gegenwind ins Gesicht blies, spürten sie kaum Abkühlung.

Ihnen begegneten Autos, deren Insassen schon die Vorfreude auf das kühle Nass des Stausees im Gesicht stand. Als die beiden Mitarbeiter der K die Straße zwischen Legefeld und Gelmeroda passierten, kamen ihnen Löschfahrzeuge der Feuerwehr entgegen. Die Sondersignale ertönten unaufhörlich. Da konnte nur etwas Schlimmes passiert sein!

Die Kripoleute drehen sofort um und folgten den Einsatzfahrzeugen. Mittels eines Handfunksprechgerätes erfuhren sie vom ODH (Operativer Diensthabender) des VPKA, daß ein Hubschrauber der sowjetischen Einheit Nohra im Bereich Hohenfelden abgestürzt war.

Den beiden Kriminalisten schossen viele schreckliche Szenarien durch den Kopf. Was, wenn der Hubschrauber auf dem Campingplatz oder im Dorf Hohenfelden abgestürzt war? Beide wollten dies nicht zu Ende durchdenken. Was war aber wirklich vorgefallen?

Drei kleinere Hubschrauber vom Standort Nohra (vermutlich handelte es sich um M-5) mit je fünf Militärangehörigen an Bord überflogen den Stausee in einer Höhe von acht bis zehn Metern. Sie flogen den See aus nördlicher Richtung an. Ob sie Befehlen folgten, diesen Tiefflug zu üben, oder ob sie aus eigenem Antrieb oder im Schwange von Übermut diese geringe Höhe wählten, war im nachhinein nicht zu klären.

Nach Zeugenaussagen überflogen die Hubschrauber zwei- bis dreimal den Stausee und entfernten sich dann in südwestlicher Richtung. Für viele Camper, Badende und Besucher unterbrachen die für sie unterhaltsamen Flugmanöver den Sonnenspaß und bescherten ihnen ein tolles Erlebnis. In keiner Phase der Militärübung war bis zu diesem Zeitpunkt eine Gefahr für die Menschen am See zu erkennen gewesen. Die Hubschrauber drehten noch einmal eine Ehrenrunde und setzten im Tiefflug ihren Weg über eine große, ansteigende Wiese mit angrenzendem Waldgebiet fort.

Gegenüber dem Forst, der den Namen »Königsstuhl« bzw. »Ziegnergrund« führt, liegt der Ort Hohenfelden. Offensichtlich überschätzte der Pilot des dritten Hubschraubers den Höhenunterschied zwischen dem Wiesengelände und dem sich anschließenden Hochwald. Trotz aller Bemühungen schaffte er es nicht, die Baumgipfel zu überfliegen, was nach manchen unglückseligen Erfahrungen und Erkenntnissen meist zum Absturz führt. Kaum hatte der Hubschrauber die Krone der Bäume berührt, erfolgte im sogenannten »Schindergraben« eine Explosion. Der Hubschrauber zersprang in viele Einzelteile, die später noch im Umkreis von 60 Metern gefunden wurden.

Alle fünf Insassen des Hubschraubers verbrannten zum Teil bis zur Unkenntlichkeit. Noch heute erfaßt mich immer wieder tiefe Trauer, wenn ich darüber nachdenke, daß junge Menschen in einem fremden Land für politische Interessen ihr Leben lassen mußten und müssen.

Trotz dieses tragischen Unglücks gab es aber auch einen »Glücksmoment«. Zum selben Zeitpunkt wanderte eine Kindergruppe mit ihrer Erzieherin über die Wiese zum Wald. Sie waren alle begeistert, die dröhnenden Hubschrauber mit ihren riesigen Rotoren beobachten zu können. Fröhlich riefen und winkten sie den Piloten und Soldaten zu. Das war endlich mal ein Erlebnis! Die Erzieherin erzählte später, daß die Kinder »voll aus dem Häuschen« gewesen waren.

Erst der fürchterliche Knall und die aufsteigende Rauchsäule ließen ihr Lachen verstummen, und angstvolle Schreie der Kinder machten sich breit. Die umsichtige und erfahrene Pädagogin führte die Gruppe sehr schnell vom Ort des Grauens weg.

Nun zum Ausgangspunkt meines Berichtes zurück. Die Maßnahmen von Feuerwehr und Polizei besaßen die Perfektion eines Demonstrativbeispieles. Dank der exakten Absperrung des Gebietes konnten innerhalb weniger Minuten vier Hubschrauber der sowjetischen Streitkräfte aus Nohra landen und die Bergung sowie Untersuchung unterstützen.

Die Bearbeitung des Unfalls übernahm sofort die Militärstaatsanwaltschaft der sowjetischen Streitkräfte.

Meine Kollegen konnten schon nach zwei Tagen die gefertigten Zeugenvernehmungen der Militärstaatsanwaltschaft im Generalstab Nohra übergeben.

EINE UNSINNIGE FAHRERFLUCHT

Mitte der 80er Jahre erhielt ich die Meldung, daß auf der Straße zwischen Berlstedt und Weimar in Höhe der sogenannten Warthe zwei Kinder überfahren worden waren. Der Fahrer hatte feige die Flucht angetreten. Ein Fall, der mich noch heute unglaublich bewegt und dessen Tragik ich nicht aus meinem Gedächtnis verbannen kann.

Es war Herbst, und von den Kastanienbäumen, die den Straßenrand zierten, fielen bei jedem Windstoß die Früchte auf die Fahrbahn. In einem Haus unmittelbar an der Straße waren unter anderem auch kleine Kinder aus der BRD zu Besuch. Sie freuten sich über den reichen Kastaniensegen, den sie so in der großen Stadt, aus der sie kamen, nicht kannten. So warteten sie, wie es ihnen die Erwachsenen erlaubt hatten, hinter dem Gartenzaun, um die Kastanien aufzulesen, die in den Garten fielen. Wie es aber auch mit anderen Dingen im Leben so ist, lagen die schönsten Kastanien teils hinter dem Zaun im Gras und teils auf der Straße.

Plötzlich entdeckten die Kleinen ein Loch im Zaun. Alle Versprechen waren vergessen! Rasch krabbelten sie durch diese Öffnung und rannten auf die Fahrbahn. Als sie die infolge des starken Windes herabprasselnden prächtigen Kastanien sahen, wuchs ihre Vorfreude auf den kommenden Bastelspaß. Während sie anfänglich noch auf den Fahrzeugverkehr achteten, ließ ihre Vorsicht immer mehr nach.

Das tragische Verhängnis nahm seinen Lauf. Abermals prasselten glänzende und gutgeformte Kastanien auf die Straße. Es waren diesmal sehr viele. Die Wachsamkeit der Kleinen wich nun völlig der freudigen Aufregung. Im selben Augenblick kam ein Fahrzeug aus der Richtung

Sömmerda-Berlstedt angefahren, erfaßte die Kinder und überrollte sie. Beide waren sofort tot. Anstatt anzuhalten und sich um die Kinder zu kümmern, fuhr der Fahrer einfach weiter und beging somit Fahrerflucht.

Ein nachfolgendes Fahrzeug hielt und blockierte sofort die Straße. Ein weiterer Fahrer, der aus Weimar kam, sperrte die Straße auf der anderen Seite ab. Der Rettungstransport übernahm den Abtransport der Kinder. Die Gerichtsmedizin wurde angefordert. Zeugen für diesen tragischen Unfall gab es nicht.

Die Trauer und seelischen Qualen der Angehörigen sind nicht zu beschreiben. Aber auch die emotionale Wirkung auf uns Ermittler war nicht zu unterschätzen.

Was war das nur für ein Mensch, der so verantwortungslos handelte?

Mir war klar, daß wir diesen Täter ermitteln mußten, denn das waren wir den Opfern und ihren leidenden Angehörigen schuldig. Es gab keinerlei Bremsspuren auf der Straße. Heute, nach so vielen Jahren, kann ich nicht mehr sagen, wo wir Reifenab- und Eindruckspuren gefunden hatten. Der tragische Tod der Kinder ereignete sich am Nachmittag. Es war noch hell, und niemand hätte sich auf die Dunkelheit als Entschuldigung beziehen können.

Ich glaube, es war ein Freitag, als wir beschlossen, alle Fahrzeuge von Weimar nach Sömmerda und in entgegengesetzter Richtung zu stoppen, und zwar um dieselbe Uhrzeit, an der sich vor einer Woche das tödliche Unglück ereignet hatte. Wir brauchten Zeugen, die eine Woche zuvor oder schon öfter diese Strecke gefahren waren. Eine akribische Arbeit begann.

Alle Fahrzeugführer wurden nach einem vorbereiteten Fragespiegel mit der Sachlage konfrontiert. Dabei stellte sich heraus, daß einige Zeugen auf ein sogenanntes Pritschenauto mit Kastenaufsatz hinwiesen. Das Reifenprofil mochte möglicherweise mit den gesicherten Spuren übereinstimmen.

Eine hervorragende Arbeit leisteten die ABVs sowie die Mitarbeiter der Kfz-Zulassung der Verkehrspolizei. Solch ein Fahrzeug gab es nicht so oft. Alle wurden erfaßt und die Alibis der Fahrer überprüft. Übrig und für uns Ermittler von größtem Interesse blieb ein Pritschenauto aus dem Kreis Sömmerda. Der Fahrer, ein Beschäftigter der GHG (Großhandelsgesellschaft) Weimar, hatte laut Fahrauftrag diese Strecke nicht zu befahren. Manipulationen am Fahrtenschreiber zeigten Widersprüche auf.

Schnell stellte sich heraus, daß wir es mit einer sogenannten »Schwarzfahrt« zu tun hatten. Diese führte zur Tatzeit tatsächlich am Tatort entlang. Es dauerte nicht lange, und der Fahrer gab an, am Tattag zu angegebener Zeit die Strecke befahren zu haben. Wir Vernehmer ließen nun nicht mehr locker.

Erst wollte er nicht bemerkt haben, jemanden überfahren zu haben, doch dann rührte sich auch bei ihm das Gewissen, und er gestand: Ja, er habe die Kinder, die auf die Straße gelaufen waren, überfahren. Er schaffte es nicht mehr zu bremsen. Da ihn augenblicklich die Angst überkam, samt Schwarzfahrt aufzufliegen, gab er Gas und verließ die Unfallstelle. Die beiden toten Kinder ließ er zurück.

Vielleicht war es wirklich so. Er transportierte damals mit dieser »Schwarzfahrt« für einen Bekannten Baumaterialien. Eine solche Rechtsgüterabwägung war nicht nachvollziehbar und konnte schon gar nicht als Entschuldigung gelten. Die Verurteilung wegen verkehrswidrigen Verhaltens nach einem Verkehrsunfall, fahrlässiger Tötung und unterlassener Hilfeleistung durch das zuständige Gericht war folgerichtig.

Wie soll ein solcher Mensch jemals innere Ruhe finden? Sicherlich haben sich auch die Angehörigen der Kinder Vorwürfe gemacht. Niemand von den Erwachsenen hatte das Betreten der Fahrbahn durch die Kleinen bemerkt, und daß der Zaun einen Durchschlupf aufwies, war nicht bekannt.

Der zweite »Schuss«

Der Südkreis von Weimar wird zu Recht als Vorläufer des Thüringer Waldes bezeichnet. Die waldreiche, liebliche Landschaft gliedert sich in schattige Täler, satte, grüne Wiesen und kleinere Anhöhen.

Viele Menschen aus Stadt und Land finden in Spaziergängen und Wanderungen hier ihren Ruhepol. Die Städte Bad Berka, Blankenhain und Kranichfeld sind in diese Natur wunderbar eingebettet. Der reiche Waldbestand wird durch die Forstämter und Jagdgesellschaften gehegt und gepflegt. Das trifft auch auf den vielfältigen Wildbestand zu. Die Ilm sucht sich ihren Weg durch diese Landschaft, und kleinere Teiche sowie der Stausee Hohenfelden vervollständigen diese Idylle.

Aber nun zu meinem Fall: Ende der 60er Jahre wurde aus einem Ort in dieser Gegend eine junge Frau als vermißt gemeldet. Routinemäßig wurden alle möglichen Fahndungsmaßnahmen eingeleitet.

Verwandte, Freunde und Bekannte wurden befragt. Es gab zum Aufenthalt von Bärbel N. keine Hinweise. Die Ermittlungen im Bereich der Arbeitskollegen blieben ebenfalls ohne Erfolge. Nie zuvor hatte sich die junge Frau ohne Begründung von zu Hause entfernt. Auch Nachfragen in Krankenhäusern oder Hotels blieben ergebnislos.

Für uns Kriminalisten blieben als Möglichkeiten nur noch ein Unfall oder ein unnatürlicher Tod (Suizid oder Tötungsverbrechen) übrig. Zur ersten Variante waren Suchungsmaßnahmen in den anliegenden Waldgebieten erforderlich. Die zweite Variante war natürlich darin inbegriffen.

Die Bereitschaftspolizei von Erfurt kam zum Einsatz. Es wurden Suchketten gebildet und die vorgegebenen Waldgebiete durchstreift. Teilweise waren auch Hunde an der Suche beteiligt. Offenbar war man immer noch davon ausgegangen, daß die Vermißte »verunfallt« war. Kam ein Suchtrupp an undurchdringliches Gestrüpp, teilte sich die Gruppe und umging diese Hindernisse. Das stellte sich später als Fehler heraus.

Die Einbeziehung gesellschaftlicher Kräfte wie Forstämter, Vorsitzende von Bungalowsiedlungen, LPG-Vorsitzende (LPG = Landwirtschaftliche Produktionsgenossenschaft), Anglerverbände sowie freiwillige Helfer der Volkspolizei wurden organisiert. Bärbel N. blieb verschwunden, und die Fahndung wurde auf die gesamte DDR ausgedehnt.

Obwohl sich in den noch warmen Herbsttagen viele Pilzfreunde im Forst aufhielten, konnte nichts Auffälliges beobachtet oder festgestellt werden.

Mittlerweile verlegten die Schulen ihre Wandertage zum Stausee. Zwei Jungen durchstreiften ein Gebiet, in dem scheinbar undurchdringliche Brombeerbüsche aus der Erde ragten. In diesem Gestrüpp stießen sie auf einen gräßlichen Fund. Vor ihren Füßen lag eine bereits in Verwesung übergegangene weibliche Leiche. Für die beiden Jungen war der Fund einfach entsetzlich. Die sofort herbeigerufene Polizei verständigte die MUK des Bezirkes sowie die Gerichtsmedizin.

Der Leiter der MUK, Hans M., konnte sich auf seine großen kriminalistischen Erfahrungen stützen und übernahm die Führung der Ermittlungen. Die Gerichtsmedizin stellte als Todesursache einen Schuß ins Herz fest, der aus kurzer Entfernung abgefeuert worden war.

Es lag eindeutig ein Tötungsverbrechen vor.

Die Ermittlungen erhielten dadurch einen bedeutenden Schub.

Wer war im Besitz einer solchen Waffe, legal oder illegal?

Wer unterhielt Beziehungen zum Opfer? Hatte vielleicht ein Jäger oder ein Förster einen Schuß gehört? Jagdgesellschaften rückten in den Fokus der Ermittlungen. Schließlich meldete sich ein Traktorist der LPG, der auf einem Feld am Waldrand arbeitete, und sagte aus, daß er am Tag des Verschwindens von Bärbel N. zwei Schüsse gehört habe.

Da das Opfer in der näheren Umgebung des Fundortes gewohnt hatte, wurden die familiären Verhältnisse und Personen ihres »Lebendbereichs« erfaßt und überprüft. Schon kurze Zeit später erreichte uns das schockierende Ergebnis der gerichtsmedizinischen Untersuchung: Es wurde, was vorher noch nicht ganz eindeutig zu bestimmen war, festgestellt, daß sie schwanger war.

Da sie erst im zweiten oder dritten Monat war, konnte man von der Schwangerschaft nichts erkennen. Allmählich wurde auch bekannt, daß die junge, ledige Frau ein Verhältnis mit einem verheirateten Mann aus dem Nachbarort gehabt habe. Dieser war Mitglied im Jagdverein und verfügte somit über eine entsprechende Waffe. Natürlich besaß er einen Waffenschein und bewahrte zu Hause die Schrotflinte ordnungsgemäß auf. Das paßte alles gut zusammen.

Immer mehr Hinweise gingen ein, wonach der Tatverdächtige mit der jungen Frau gesehen wurde. Sollte die Schwangerschaft das auslösende Moment für den Mord oder auch Doppelmord gewesen sein?

Die Vernehmung von Harald U. wurde gründlich vorbereitet. In der ersten Vernehmung verwickelte er sich schon derartig in Widersprüche, daß die Einholung eines Haftbefehls kein Problem darstellte. Heute wäre mittels DNA-Analysen die Aufklärung wesentlich leichter gewesen.

Schließlich erkannte der Tatverdächtige die Zwecklosigkeit seines Leugnens und legte ein umfassendes Geständnis ab.

Ja, er hatte mit Bärbel N. seit über einem Jahr ein Verhältnis. Sie trafen sich regelmäßig im Waldgebiet, dabei bemühten sie sich, ihre Begegnungen geheimzuhalten. Doch mit der Zeit fing die Geliebte an, ihn zu bedrängen. Immer wieder forderte sie, daß er sich von seiner Frau scheiden lassen solle.

Und wie so oft bei solchen »Techtelmechteln«, wand sich Harald bei diesen Forderungen wie ein Wurm und zögerte eine Entscheidung hinaus. Als Familienvater dachte er nicht einmal daran, seine Frau und die Kinder wegen der Geliebten zu verlassen. Zu sehr hing er an den Kindern. Zwar gab er vor, sich trennen zu wollen, aber er schob dieses Vorhaben stets hinaus. Ein anderes Mal drohte er, seine Geliebte zu verlassen, würde sie ihn weiter so hart bedrängen. Insgeheim aber hoffte er, es könne alles so bleiben, wie es war. Er wollte Familienvater sein und eine Geliebte haben.

Wenn die Menschen Schwierigkeiten haben, sich zu entscheiden, hilft manchmal in solchen Fällen die Natur nach. So auch im vorliegenden Fall.

Bärbel stellte fest, daß sie schwanger war. Eine Abtreibung kam nicht in Betracht, zumal das damals nicht ganz einfach gewesen wäre.

Sollte sie warten, bis die Familie und ihre Bekannten sahen, daß sie schwanger war? Nein!

Jetzt mußte sich ihr geliebter Harald für sie und das zu erwartende Kind entscheiden. Sie informierte ihn und drängte zu einer Aussprache. Harald und Bärbel verabredeten sich an einer ihnen bekannten Stelle im Wald.

Es war an einem Nachmittag.

In Haralds Kopf ging alles durcheinander. Immer wieder bedrückten ihn die Folgen seiner Liebschaft. Fest stand: Er liebte seine Frau und seine Kinder, aber er liebte auch Bärbel.

Aber was würde geschehen, wenn seine Affäre herauskäme?

Was würde seine Familie dazu sagen, seine Freunde, Verwandten, Bekannten?

Würde er zum Gespött? Würde er seine Familie gar verlieren?

Welche »Bärbel-Lösung« gab es eigentlich?

»Die muß weg«, schoß es ihm durch den Kopf. Er ging an seinen Schrank, schloß ihn auf und nahm sein Jagdgewehr heraus. Er lud es mit Patronen und machte sich auf den Weg zum Treffpunkt.

Als er das Haus verließ, glaubte eine Nachbarin, er ginge wieder auf die Pirsch.

Bärbel wartete bereits an der verabredeten Stelle. Sie begrüßten sich mit einem flüchtigen Kuß und spazierten einen Waldweg entlang.

Die junge Frau erklärte ihm, er müsse sich jetzt für sie und das gemeinsame Kind entscheiden.

»Du kannst es doch abtreiben lassen«, schlug er vor.

»Das kommt gar nicht in Frage!« antwortete sie mit resoluter Stimme.

Diese Antwort schnürte ihm die Kehle zu.

»Vielleicht bin ich ja gar nicht der Vater? Vielleicht hast du das Kind ja von einem anderen? Wer sagt mir denn das?«

»Nein, nein, Harald, das Kind ist ganz klar von dir. Da brauchst du keine Bange haben.«

»Und was ist, wenn ich dich verlasse?« fragte er vorsichtig und mit einem drohenden Unterton.

»Dann werde ich deiner Frau mal von deinen ganzen Geschichten und uns erzählen. Mal sehen, was sie dazu sagt, wenn sie erfährt, daß ich von dir schwanger bin!« Harald wurde böse. Mit dieser Antwort hatte Bärbel ihr Todesurteil besiegelt. Nur wenige Meter vom Waldrand entfernt riß Harald U. seine Jagdwaffe hoch und feuerte aus kurzer Distanz auf den Oberkörper seiner Geliebten. Bärbel fiel getroffen auf den Waldboden und war sofort tot. Die Patrone hatte ihr Herz zerrissen.

Der eiskalte Mörder schleppte sein Opfer in ein Gesträuch, legte es in eine Bodendelle und deckte die Leiche mit Erde und Reisig ab. Dann ging er nach Hause und benahm sich so, als sei nichts geschehen. Weder an die Getötete noch an das Kind im Mutterleib verschwendete er auch nur einen Gedanken. Nur seine Person war ihm wichtig. Und er hatte ein Problem gelöst. Harald fühlte sich endlich befreit.

In der Vernehmung leugnete er anfangs, die Tat begangen zu haben. Zwar gab er zu, ein Verhältnis mit Bärbel N. unterhalten zu haben, aber getötet habe er sie nicht. Den Schuß, den der Traktorist gehört haben wollte, habe er auf Krähen, die auf einem Strommast aus Holz am Waldrand saßen, abgefeuert. Dort müsse der Einschuß noch sichtbar sein.

Tatsächlich wurde durch die Kriminaltechnik im oberen Teil des Holzmastes ein Einschuß festgestellt und das Projektil sichergestellt. Nun sagten ihm die Vernehmer auf den Kopf zu, daß der Zeuge zwei Schüsse gehört habe. Die ballistischen Untersuchungen ergaben zweifelsfrei, daß beide Geschosse aus ein und derselben Waffe abgefeuert wurden. Harald erkannte, daß weiteres Leugnen unsinnig war. Er legte nun ein umfassendes Geständnis ab.

Harald U. wurde zu einer lebenslänglichen Freiheitsstrafe verurteilt. Bei der Begründung wurde besonders das egoistische, heimtückische und geplante Vorgehen des Mörders hervorgehoben. Ich weiß es nicht mehr genau, aber meiner Erinnerung zufolge wurde er nach 15 Jahren entlassen. Als er wieder in seinen Heimatort zurückkehren wollte, wehrten sich die Einwohner demonstrativ gegen diese staatliche Wiedereingliederungsmaßnahme. Sie wollten keinen Mörder als Nachbarn haben. Was aus ihm geworden ist, entzieht sich meiner Kenntnis.

Ein ähnlicher Fall ereignete sich im Dezember 2010 auf einem Parkplatz in Niedersachswerfen (Landkreis Nordhausen). Ein 36jähriger Familienvater aus Nordhausen geriet mit seiner 33jährigen schwangeren Geliebten in Streit. Als sie von ihm verlangte, sich von seiner Frau scheiden zu lassen, lehnte er das ab. Danach sei sie mit Fäusten auf ihn losgegangen, erklärte der angeklagte Maurer in einem Teilgeständnis Mitte Juli 2011 vor dem Landgericht Mühlhausen. Daraufhin habe er zurückgeschlagen: »Dann lag sie am Boden und bewegte sich nicht mehr.« Später versteckte er den leblosen Körper.

Die Staatsanwaltschaft warf dem Angeklagten hingegen Mord aus niederen Beweggründen vor. Er habe die Frau erschlagen, um sein Doppelleben zu vertuschen. Als seine Geliebte zu seiner Ehefrau fahren wollte, um klare Verhältnisse zu schaffen, habe sich der Angeklagte offenbar unter Druck gesetzt gefühlt. Die Staatsanwaltschaft äußerte zudem Zweifel an den Schilderungen.

(MDR Thüringen v. 13. Juli 2011)

Der Brudermord

Anfang der 80er Jahre ereignete sich in der damaligen Bezirksstadt Erfurt ein Tötungsverbrechen. In dieser Zeit war ich Dezernatsleiter und für die Anleitung und Kontrolle der kriminalpolizeilichen Arbeit im Bezirk Erfurt verantwortlich.

Eines Tages erhielt die Kripo der Bezirksstadt die Mitteilung, daß auf Grund übelster Gerüche die Wohnung eines gewissen Uwe K. geöffnet werden mußte. Beim Betreten der Wohnung fanden die Kriminalisten eine am Fensterkreuz hängende männliche Leiche, die wegen der warmen Wetterlage bereits in Fäulnis und Verwesung übergegangen war. Unzählige Fliegen und Maden bedeckten die Leiche. Alle Umstände wiesen darauf hin, daß sie schon mehrere Wochen am Fensterkreuz hing.

Uwe K. war nicht verheiratet und seine Beziehung zu anderen Familienmitgliedern war aus verschiedenen Gründen gestört. Lose Kontakte bestanden zur Mutter. Auf seiner Arbeitsstelle fiel er durch häufiges Fehlen auf. Aus diesem Grund wurde er auch nicht sofort gesucht.

Der von der Kriminalpoizei sofort verständigte Arzt vermerkte auf dem Totenschein als Todesursache: vermutlich Selbstmord durch Erhängen. Ein Abschiedsbrief wurde trotz gründlicher Suche nicht vorgefunden.

Untersuchungen am Türschloß ergaben keine Einbruchsspuren. Die Wohnsituation des Uwe K. war bescheiden. Er verfügte weder über Wertgegenstände noch über größere Geldbeträge.

Ein Raub war somit ausgeschlossen. Daher gingen die Kriminalpolizisten davon aus, daß ein Suizid vorlag. Es wurde auf eine gerichtsmedizinische Sektion verzichtet.

Hinzugezogene Kriminalisten der Bezirksbehörde schlossen sich vorerst dieser Auffassung an. Der Staatsanwalt gab die Freigabe zur Beerdigung der Leiche.

Die Mutter des Toten wurde informiert, daß ihr Uwe Selbstmord begangen habe. Sie nahm diese Mitteilung zwar recht gefaßt auf, hegte aber starke Zweifel an einem Tod durch Selbstmord. Sie wandte sich an den zuständigen Staatsanwalt und trug ihre Bedenken vor. Im Gespräch mit dem Staatsanwalt wies sie auf die äußerst gestörten Familienverhältnisse hin.

So erklärte sie folgendes: Mit dem Tod des Vaters und eines nur an Uwe vererbten PKW »Wolga« entstand zwischen den Brüdern Uwe und dem älteren Peter ein haßerfülltes Verhältnis. Uwe hätte sich niemals das Leben genommen. Im Gegenteil: Er hatte die feste Absicht, sein Leben wieder in den »Griff« zu bekommen.

Daraufhin wurde unsere Mordkommission beauftragt, diesen Fall zu übernehmen. Die Ermittlungen wurden unter Einbeziehung der K des Volkspolizei-Kreisamtes Erfurt durchgeführt.

Die Kriminaltechniker untersuchten die Wohnung von Uwe K. nochmals gründlich. Im Ergebnis dieser Arbeit wurde ein leeres Fläschchen gefunden, in dem sich sogenannter technischer Äther befunden hatte. Außerdem wurden an der Flasche daktyloskopische Spuren (Fingerabdrücke) von zwei Personen entdeckt. Nun beleuchteten die Kriminalpolizisten die näheren Lebensumstände des Peter K. und seiner Frau Ingrid.

Kurz nach dem vermutlichen Todeseintritt von Uwe K. wurde sein Bruder Peter wegen asozialer Lebensweise gemäß § 249 StGB der DDR inhaftiert. Also befand sich Peter zum Todeszeitpunkt auf freiem Fuß.

Da sich der Verdacht auf ein Tötungsverbrechen durch

die bereits vorliegenden Ermittlungsergebnisse erhärtete, wurde in der Folgezeit der Freundes- und Bekanntenkreis von Peter K. unter die »Lupe« genommen.

Daraus ergaben sich interessante Details: Peter K. war mit dem der Polizei hinreichend bekannten Kurt. H. und dessen Ehefrau Gerda befreundet. Peters Frau Ingrid pflegte mit dem Ehepaar H. ebenfalls einen freundschaftlichen Umgang. Bei einer gemeinsamen Fete der Ehepaare kam das Gespräch auch auf die Erbschaft des PKW »Wolga« an Uwe K. Mit jedem Schnaps verfestigte sich der Plan, Uwe K. zu töten, um in den Besitz des Fahrzeugs zu kommen.

Die Verbrecher schritten, ohne viel Zeit zu versäumen, zur Tat.

Sie holten unbemerkt die Kfz-Unterlagen aus der Wohnung, um sie zu verfälschen. Weiterhin sah der Plan vor, einen Kaufvertrag aufzusetzen, bei dem aber weder Peter K. noch Kurt H. als Verkäufer in Erscheinung trat. Das Geld vom Verkauf des Wagens wollten sich die Ehepaare teilen.

Doch dann stellte sich ihnen folgende Frage: Wer sollte eigentlich Verkäufer und Besitzer des »Wolga« sein?

Kurt H. fand die Lösung des Problems. Ein Alkoholiker namens Heinz V., den er seit langem kannte, sollte als sogenannter »Strohmann« herhalten. Ein paar Flaschen Schnaps würden als Lohn reichen.

In den folgenden Tagen nahm Kurt H. zu Heinz V. Kontakt auf. Als dieser hörte, daß er als Autoverkäufer fungieren solle und dafür Schnaps bekäme, war er nicht nur einverstanden, sondern überglücklich. Jetzt mußte es nur noch zur Tatausführung kommen.

In den Vormittagsstunden des festgelegten Tages begaben sich Peter K. und Kurt H. zur Wohnung des Uwe K. Vor der Tür träufelte Peter K. den technischen Äther, den seine Frau besorgt hatte, in ein Tuch. Die kleine Flasche steckte er in seine Hosentasche. Dann klingelte er an der Wohnungstür des Bruders.

Als Uwe K. seinen Bruder und dessen Freund sah, war er erstaunt und fragte: »Was wollt ihr denn hier?« Doch anstatt zu antworten, drückte Peter seinem Bruder mit ganzer Kraft das getränkte Tuch auf Mund und Nase. Kurt H. hielt indessen das Opfer fest.

Uwe verlor das Bewußtsein und sackte zusammen. Die beiden Männer schleiften den Mann in die Wohnung und trugen ihn in die Wohnstube. Dort nahm Peter K. einen Strick aus der Jacke, den er vorher bereits zu einer Schlinge geflochten hatte.

»Halt mal seinen Kopf«, sagte er kaltblütig zu seinem Freund und legte seinem Bruder die Schlinge um den Hals. Dann griff er nochmals zur Ätherflasche, beträufelte sein Tuch und drückte es dem Bruder ins Gesicht. Er übergab die nunmehr leere Flasche seinem Kumpanen Kurt H. Hierauf zogen beide den Bewußtlosen am Fensterkreuz hoch, bis er frei am Griff hing.

»Sieht doch wie ein Selbstmord aus«, stellte Peter K. fest.

Die notwendigen Unterlagen zum Auto lagen auf einem Regal. Sie nahmen sie mit. Nur keine Spuren am Tatort hinterlassen, war die Devise dieser »knasterfahrenen« Verbrecher. Nichts weiter verändern, die Wohnungstür mit dem Ellenbogen ins Schloß ziehen und abhauen.

Doch Kurt H. beging einen folgenschweren Fehler! Er steckte die Ätherflasche nicht ein, sondern warf sie auf der Flucht achtlos in einen Eimer in der Wohnung, in der sich der Müll befand. Wie sich später herausstellte, wurde sie zu einem wichtigen Beweisstück. Die an der gefundenen Ätherflasche gesicherten Fingerabdrücke konnten eindeutig Peter K. und Kurt H. zugeordnet werden.

Zwei Tage nach der Tat fanden die Mörder einen potentiellen Käufer für den »Wolga«, doch er nahm wegen des zu hohen Preises von dem Kauf Abstand.

»Strohmann« Heinz V. wurde kurze Zeit später wegen Verbreitung ansteckender Krankheiten in die geschlossene Abteilung der Hautklinik eingeliefert.

Die Mutter des Ermordeten, Brigitte K., wurde über den Stand der Ermittlungen informiert. Sie wußte nicht, wo sich der geerbte PKW »Wolga« befand.

Der erarbeitete Verbindungsspiegel von Peter K. und Kurt H. brachte uns auf Heinz V.

Das Fahrzeug selbst wurde auf einem Parkplatz gefunden. Im Handschuhfach befanden sich die gefälschten Unterlagen zum Fahrzeug. Im fingierten Kaufvertrag stand der Name Heinz V.

Die Vernehmer begaben sich nun zur Hautklinik Leipzig. Anfänglich versuchte Heinz V. zu leugnen. Angeblich hatte er den PKW von einem Unbekannten übergeben bekommen, um ihn für ihn zu verkaufen. Seine Angaben erschienen aber sehr unglaubwürdig und verworren, wie der ganze Fall. Als er das Vernehmungsprotokoll durchlesen und jede Seite unterschreiben sollte, folgte eine Überraschung.

Der Vernehmer erkannte sofort, daß der Mann weder lesen noch schreiben konnte. Heinz V. fühlte sich zusehends unbehaglicher und erkannte, daß er sein Leugnen nicht lange aufrechterhalten könne. Mit einer gewissen Verzweiflung legte er ein Geständnis ab. Vom Mord an Uwe K. wußte er nichts.

Nun wurde Peter K. in der Strafvollzugsanstalt vernommen. Anfänglich wollte er den Mord auf Kurt H. »abwälzen«, doch die Kriminalisten schüttelten die Köpfe, denn Kurt H. hatte wenige Stunden zuvor in Erfurt ein umfassendes und glaubwürdiges Geständnis abgelegt.

Der Brudermörder sah die Zwecklosigkeit seines Leugnens ein und gestand. Darüber hinaus belastete er die Ehefrauen Ingrid K. und Gerda H., als geistige Urheber des Mordes, der Urkundenfälschung und des Betruges. Das Bezirksgericht Erfurt verurteilte Peter K. und Kurt H. wegen gemeinschaftlichen Mordes in Tateinheit mit Urkundenfälschung und Betrug sowie Anstiftung zu lebenslanger Haft. In der Urteilsbegründung wurden besonders die Heimtücke, Brutalität und Habgier als niedere Beweggründe hervorgehoben.
Die beiden Frauen Gerda H. und Ingrid K. wurden wegen Beihilfe zum Mord, Urkundenfälschung und Betruges zu hohen Freiheitsstrafen verurteilt. Heinz V. dagegen wurde in eine psychiatrische Anstalt eingewiesen, da seine Schuldfähigkeit ausgeschlossen wurde.

DAS BABY AUF DER MÜLLKIPPE

Jeder Kriminalist hat im Laufe seines Berufslebens direkt oder indirekt mit Mülltonnen zu tun. Oft entsorgen die Täter nach Raubüberfällen die Handtaschen, leere Geldbörsen oder andere nicht brauchbare Dinge ihrer Opfer in diesen Behältnissen. Auch Ausweispapiere, aber vor allem Gegenstände, die als Beweismittel zur Aufklärung einer Straftat dienlich sein können, landen dort. Alle Spurenträger müssen beseitigt werden.

Ich kann mich erinnern, daß ein Einbrecher in Erfurt bei jeder begangenen Straftat Turnschuhe trug, die er nach der Tat sofort in Mülltonnen warf. Für den nächsten Einbruch »besorgte« er sich neue Turnschuhe. Wir hatten ihn einmal durch Schuhabdruckspuren überführt, und nun glaubte er, besonders klug zu sein. Doch er wurde Opfer seines neuen Vorgehens, denn immer trugen die Einbrüche die gleiche »Handschrift«, obwohl immer andere Schuhabdruck- oder Eindrucksmuster festgestellt wurden.

Uns stellte sich die Frage: Wer wurde einmal mittels solcher Spuren als Täter überführt?

Dabei geriet unser »Spezi« zwangsläufig in unseren Fokus. Schnell klickten die Handschellen, und ehe er sich versah, ging es in den »Bau«.

Wenn wir die Möglichkeit in Erwägung ziehen mußten, daß bei schweren Gewaltverbrechen Beweismittel auf der Deponie entsorgt wurden, hieß es schnell zu sein, denn die Täter hofften nicht unbegründet, daß ihre belastenden Hinterlassenschaften in der Verbrennungsanlage vernichtet wurden.

Anfang der 8oer Jahre entdeckten Arbeiter auf einer Mülldeponie im südlichen Bereich des Bezirkes Erfurt eine Babyleiche. Sie war in mehrere Lagen Zeitungspapier eingewickelt und bot ein jämmerliches, entsetzliches Bild. Ratten hatten das Kind freigelegt und schon teilweise angefressen. Bei dem Baby handelte es sich um ein neugeborenes Mädchen. Die Gerichtsmedizin in Jena stellte fest, daß der Tod durch Ersticken eingetreten war. Die Tatzeit bzw. der Eintritt des Todes lag schon mehrere Tage zurück.

Nun stellte sich die Frage, mit welchem Mülltransporter die Kindesleiche transportiert worden war. Mehrere Fahrzeuge fuhren täglich aus den verschiedensten Ortschaften und Dörfern die Deponie an. Sofort informierten wir alle Bereiche des Gesundheitswesens und der Mütterberatungsstellen.

Der Leiter der MUK des Bezirkes Erfurt, Peter Schilling, übernahm die Führung der gesamten Ermittlungen. Von besonderer Wichtigkeit für die Aufklärung dieses Falles war für die Kriminalisten das »Verpackungsmaterial« der Leiche, d. h. die Zeitung. Dabei spielte ihr Erscheinungsdatum eine entscheidende Rolle.

Nun konzentrierten sich die Ermittlungen auf die Zustellungsbereiche der Zeitung. In akribischer Kleinarbeit und mit Unterstützung der Presseorgane konnte der Zustellungsbereich auf die Stadt L. eingegrenzt werden. Dort befand sich auch ein überschaubares Neubaugebiet, im Volksmund noch heute »Platte« genannt.

Jetzt begann das sogenannte »Klinkenputzen«. Das war der »Fachausdruck« für die Befragung von Personen, die eventuell Hinweise geben konnten, wer in letzter Zeit schwanger oder figürlich besonders verändert erschien.

Leider blieben diese ersten Befragungen erfolglos. Wir mußten uns natürlich auch darüber Gedanken machen, was eine Mutter veranlassen könnte, ihr Kind zu töten und es in den Müll zu werfen.

Welcher sozialen Struktur könnte die Mutter entstammen? Inzwischen überprüften die Mitarbeiterinnen und Mitarbeiter des Gesundheitswesens alle erfaßten Frauen. Doch auch hier gab es keine Anhaltspunkte, die mit der Straftat in Verbindung gebracht werden konnten. Nun »klapperten« wir alle Familien, die die besagte Zeitung abonniert hatten, ab. Die Befragungen wurden inzwischen flächendeckend durchgeführt.

In der Tätervision hatten die Männer der MUK natürlich auch weibliche Jugendliche im Visier, die durch eine Schwangerschaft in ihrer gesamten beruflichen und persönlichen Entwicklung beeinträchtigt worden wären. Also wurden im Zuge der Ermittlungen auch Berufsschulen und eine am Ort befindliche EOS (Erweiterte Oberschule) überprüft.

Den Bemühungen der K war jedoch kein Erfolg vergönnt. Peter Schilling bezog nun die POS (zehnklassige Oberschule) des Ortes mit ein.

Das erwies sich als Volltreffer.

Seit geraumer Zeit nahm die Schülerin Evelyn M. aus der zehnten Klasse aus ziemlich fadenscheinigen, oft wechselnden Gründen nicht mehr am Sportunterricht teil. Einige Mitschüler gaben darüber hinaus an, Evelyn habe sich sowohl im Aussehen als auch in ihrem Verhalten sehr verändert. Keiner wollte Evelyn jedoch zu nahe treten, und man äußerte sich kaum oder nur heimlich darüber.

Erst als man sie mit den Ermittlungen zum Thema Babytod konfrontierte, brachen sie ihr Schweigen. Mehrere Schüler sagten aus, Evelyn habe sich in den letzten Wochen nicht nur verändert, sondern auch einen Freund gehabt. Aber von dem habe sie sich getrennt. Warum, wisse man jedoch nicht.

Nun wurde Evelyn vorgeladen und im Beisein ihrer Eltern befragt. Sie stritt vehement eine Schwangerschaft ab. Über die Eltern wurde eine Genehmigung zu einer frauenärztlichen Untersuchung eingeholt. Die Gynäkologen stellten unzweifelhaft fest, daß eine unkontrollierte – nicht erfaßte – Geburt stattgefunden hatte.

Evelyn legte ein umfassendes Geständnis zur Kindestötung ab. Sie war psychisch völlig überfordert, als sie ihre Schwangerschaft bemerkte. Leider hätte sie in dieser Situation in ihrem Elternhaus keinen Ansprechpartner, sondern nur schwere Vorwürfe und Schimpftiraden gefunden. Sie versuchte durch verschiedenste »Mittelchen«, die Schwangerschaft abzubrechen, aber es gelang nicht. So faßte sie den Entschluß, das Baby sofort nach der Geburt zu töten. Ihrem Ex-Freund hatte sie nichts gesagt.

Als die Wehen einsetzten, war sie allein zu Hause. Nach der Geburt des Kindes trennte sie selbst die Nabelschnur ab und erstickte das Neugeborene mit einem Kissen. Nun wickelte sie das Kind in mehrere Zeitungslagen und verstaute es vorläufig in ihrem Kleiderschrank, eine dicke Schicht Pullover davorgepackt.

Die Spuren der Geburt beseitigte sie sorgfältig, um auch im Elternhaus eventuellen Nachfragen aus dem Weg zu gehen. Sie wußte, daß in vier Tagen die Mülltonnen des Hauses geleert wurden. Also holte sie in der Nacht das Baby aus dem Schrank und entsorgte es.

Evelyn litt schon in den Folgetagen unter schwersten Gewissensbissen und konnte mit dieser Tat im Hinterkopf kaum noch den Alltag bestehen.

Evelyn wurde nach dem Jugendstrafrecht verurteilt. Sie befand sich nur relativ kurze Zeit im Strafvollzug. Das resultiert daraus, daß man bis etwa sechs Stunden nach der Geburt der Gebärenden eine sogenannte »Geburtenpsychose« einräumt. Die Gebärenden sind in ihren Handlungsbereichen psychisch beeinträchtigt und es kann in besonderen Fällen zu »Kurzschlußreaktionen« kommen. Es wird dann auch nicht von Mord, sondern von Kindestötung gesprochen. Evelyn wird ihr Leben lang mit dieser Tat auf dem Gewissen leben müssen. Diese traurige Geschichte zeigt in aller Deutlichkeit die Verantwortung des Elternhauses und des Freundeskreises für das Wohl des einzelnen.

Das Töten von Neugeborenen (und auch Morde an älteren Kindern) nahm mit der Wende dramatisch zu, wie aus zahlreichen Presseveröffentlichungen und internen polizeilichen Berichten hervorgeht.

Im Februar 2001 gestand eine 26jährige Frau aus Sömmerda, in den Jahren 1994, 1998 und 1999 ihre zwei Jungen und ein Mädchen kurz nach der Geburt erstickt, erwürgt bzw. ertränkt zu haben. Die Leichen der Neugeborenen legte sie in Plastiktüten verpackt jeweils auf einem Feld ab.

Im Mai 2002 hatte eine Abiturientin aus Thörey ihr heimlich geborenes Baby nach der Geburt in eine Plastiktüte gesteckt und erst Stunden später in eine Klinik gebracht. Der Junge konnte nicht mehr gerettet werden.

Am Neujahrstag 2006 wurden in Altenburg im Keller eines Hauses zwei in Säcke verpackte Säuglinge gefunden. Vom 10. bis 14. Dezember 2006 ließ die 21 Jahre alte Conny Elisabeth N. aus Sömmerda ihre beiden Kinder allein in ihrer Wohnung. Als das Jugendamt am 14. Dezember 2006 die Tür aufbrechen ließ, fand man den neun Monate alten Leon Sebastian tot in seinem Gitterbett – er war verdurstet. Seine Schwester, die zweijährige Lena Isabell, konnte in letzter Minute gerettet werden. Die arbeitslose Mutter und Täterin berichtete vor dem Landgericht Erfurt von ihrer eigenen schweren Kindheit und Jugend.

Im Januar 2007 fand der Eigentümer eines Grundstücks in Thörey eine Babyleiche in einem Müllsack in der Garage. Zwei weitere tote Säuglinge waren in luftdicht verklebten Kartons in einer Zwischendecke der Garage versteckt, die beim Abriß des Gebäudes vom neuen Eigentümer gefunden worden. Die Mutter der drei toten Babys, die 22jährige Claudia B., wurde 2008 vom Landgericht Erfurt wegen Totschlags zu neun Jahren Jugendstrafe verurteilt. Die Jugendkammer sah es als erwiesen an, daß sie die Kinder im Alter von 16, 17 und 19 Jahren geboren und nicht versorgt hatte. (Frank Esche, Wolfgang Krüger: Thüringer Mörderinnen. Frauenschicksale zwischen Liebe und Schafott. 1859 bis 1938. Arnstadt 2009, S. 9).

Mord im Gehege

An einem schönen Herbsttag des Jahres 1979 machten sich schon am frühen Morgen zwei Spaziergänger der Kreisstadt Nordhausen auf, um in dem sogenannten Gehege die noch warmen Sonnenstrahlen und die herrliche Laubfärbung zu genießen. Lange währte aber ihre morgendliche Erholung nicht, denn sie mußten eine grausame Entdeckung machen. Auf einer Parkbank fanden sie eine brutal zugerichtete Leiche. Sofort erkannten sie, daß es sich um eine Frau handelte.
Der Unterkörper war entkleidet. Ihr Vaginalbereich wies entsetzliche Verletzungen auf. Die sofort benachrichtigte Kriminalpolizei stellte schnell fest, daß diese Person besonders im Gesundheitswesen bekannt war. Sie gehörte zu den sogenannten HWG-Personen und war auch schon des öfteren durch zu starken Alkoholkonsum aufgefallen. Auch am Tattag hielt sie sich abermals in stark angetrunkenem Zustand im Gehege auf und wollte wahrscheinlich ihren Rausch in Ruhe auf der Parkbank ausschlafen.
Die Leiche der Brigitte N. wurde einer gerichtsmedizinischen Untersuchung unterzogen. Außer dem zerfetzten Vaginalbereich stellte man fest, daß sich unter ihren Fingernägeln deutliche Blutspuren befanden, die nicht von ihr selbst stammten.
Man ging also davon aus, daß die durch den Alkohol geschwächte Frau sich sehr heftig gegen ihren Mörder gewehrt haben mußte.
Die MUK nahm die Ermittlungen auf. Neben den bewährten Mitarbeitern von Nordhausen wurde ein weiterer Mitarbeiterstab zu dem Mord im Gehege hinzugezogen. Man ging davon aus, daß der Mörder ein ziemlich starker

Mann gewesen sein mußte. Mit großer Wahrscheinlichkeit wies er Kratzspuren an Händen, Armen oder im Gesicht auf. Des weiteren wurde vermutet, daß er sexuell abartige Neigungen besaß.

Man richtete den Fokus der Ermittlungen auf Männer in ansässigen Betrieben, aber auch auf männliche Jugendliche in Schulen und anderen Einrichtungen.

Es vergingen einige Tage. Dann liefen verdeckte Hinweise ein, die uns auf einen 18jährigen Schüler der zwölften Klasse aufmerksam machten. Bei seinen Klassenkameraden besaß er bedingt durch seine abartigen sexuellen Phantasien nicht unbedingt einen positiven Beliebtheitsgrad. Er war ein großer, kräftiger und sportlicher Typ. Wir begannen den Schüler zu observieren, und je mehr wir über ihn erfuhren, desto größer wurde unsere Annahme, den Täter vor uns zu haben.

Gunther L. wurde zugeführt. Als er den Flur des Bereiches der K betrat, wanderten seine Augen unruhig hin und her. Er entdeckte dabei einen sogenannten Kugelaschenbecher, und unter dem Vorwand, ein Kaugummi entsorgen zu wollen, öffnete er die Klappe des Aschenbechers. Doch er warf nicht nur das Kaugummi, sondern auch etwas aus seiner Hosentasche hinein. Natürlich entging dies dem aufmerksamen Polizisten nicht, der den Verdächtigen zuführte.

Als sich Gunther L. im Dienstzimmer der K aufhielt, kontrollierte der Polizist den Aschenbecher. Dort fand er einen großzinkigen Taschenkamm. Bereits mit bloßem Auge waren Blutspuren und Haarreste zu erkennen.

Die Kriminaltechniker und die Experten der Gerichtsmedizin in Jena stellten fest, daß das Blut von der Geschädigten stammte. Die Haare waren Schamhaare aus dem Genitalbereich des Opfers.

Gunther L. wurde des Mordes überführt. In seiner Vernehmung gab er an, daß er mit dem Kamm in die Genitalien des Opfers eingedrungen war und dann den Kamm mehrfach gedreht habe. Das furchtbare Wimmern und Schreien der Frau befriedigten seine abnormen Neigungen. Als die Frau bewußtlos war und das Schreien erlosch, verlor er die »Freude« an seinem Opfer und drückte ihr die Kehle zu, bis der Tod eintrat. Danach verschwand er aus dem Gehege und besuchte in den nächsten Tagen ohne äußerliche Unruhe den Unterricht. Die Tat erinnerte stark an den letzten Mord des Serienmörders Carl Großmann, der sich ebenfalls an den Schreien seines Opfers ergötzte. Er führte einen Holzrührer in den Genitalbereich ein und verletzte sein Opfer damit tödlich. Zweifellos wäre Gunther L. zum Folgetäter geworden.

Da der brutale Mörder volljährig war, wurde er nach dem Strafrecht als Erwachsener wegen Mordes verurteilt.

Im Gegensatz zum heute bestehenden Jugendstrafrecht wurden Täter nach dem 18. Lebensjahr in der DDR wie Erwachsene bestraft.

Es sollte das perfekte Verbrechen werden

Anfang der 80er Jahre erschütterte im Kreis Gotha ein Tötungsverbrechen die Bevölkerung. Die etwa 20jährige Kerstin U. aus einem kleinen Ort war eines Abends nicht mehr nach Hause gekommen. Das war für die Familie ungewöhnlich. Nicht ein einziges Mal war so etwas bislang vorgekommen.

Ihre Eltern waren in großer Sorge, und sie verständigten die Polizei. Es wurde sofort eine Vermißtenanzeige aufgenommen und erste Fahndungsmaßnahmen eingeleitet.

Kerstin arbeitete in Gotha. Sie fuhr mit dem Zug nach Arbeitsschluß bis zur nächstgelegenen Haltestelle. Dort hatte sie immer ihr Fahrrad abgestellt. Die letzten Kilometer bis zu ihrem Heimatort legte sie mit dem Rad zurück.

Nach Rücksprache mit einem Bahnangestellten erfuhren die Eltern, daß der Zug von Gotha pünktlich abgefahren und angekommen war. Zeugen wollten gesehen haben, daß Kerstin mit dem Fahrrad in die Richtung ihres Heimatortes gefahren sei. Der Ort, an dem sie immer ein- und ausstieg, war ein Garnisonsstandort der sowjetischen Streitkräfte.

Die durchgeführten Sofortmaßnahmen blieben ohne Erfolg. Die Strecke vom Bahnhof bis zu ihrem Heimatort wurde akribisch abgesucht. Rückfragen an Krankenhäuser der näheren Umgebung blieben ebenfalls ergebnislos. Der Verdacht auf ein Verbrechen war nicht mehr auszuschließen. Es mußten Täterversionen aufgestellt werden. Dabei gerieten die stationierten Truppen der Sowjets in den Mittelpunkt unserer Überlegungen.

Der Leiter der MUK brachte seine gesamten »Truppen«

zum Einsatz. Ich selbst organisierte mit dem Fahndungschef die Suche.

In der Nähe des Übungsgeländes der Sowjets gab es einen kleinen See, der mit Weidengestrüpp umwuchert war. Zum sogenannten Ufer mußte man über Äcker gehen. Ein Mitarbeiter der Kriminaltechnik machte plötzlich eine überraschende Entdeckung. An einer etwa zwei Meter breiten Stelle des Gestrüpps war das Laub der Weiden verwelkt. Was sollte das bedeuten?

Als er mit weiteren Kriminalisten diese Stelle näher untersuchte, fand er undeutliche Reifenspuren eines Fahrrades. Irgend etwas stimmte nicht!

Instinktiv zog er an den Weidenstäben. Es gelang ihm, diese leicht aus dem Erdreich zu ziehen. Statt Wurzeln zeigte sich eine glatte Schnittfläche. Hier hatte jemand die Weidenstäbe in das Erdreich gesteckt.

»Mal sehen, was hier darunter ist«, sagte Peter Schilling und gab Befehl, das Erdreich aufzugraben. Sein Instinkt hatte den Kriminalisten nicht im Stich gelassen.

Nach wenigen Spatenstichen wurde die Leiche von Kerstin U. direkt am Uferrand des kleinen Gewässers gefunden. Sie war bekleidet.

Die verständigte Gerichtsmedizin nahm in Gotha die ersten Untersuchungen vor. Die Bekleidung des Opfers wurde sichergestellt. Es war vergewaltigt und danach erwürgt worden.

Der Leiter der MUK und ich führten nach diesem Ergebnis die weiteren Ermittlungen fort. Die im Ort O. lebenden vorbestraften Sexualtäter wurden ins Visier genommen und ihre Bewegungen zur Tatzeit erfaßt.

Dabei fiel uns besonders Dieter H., ein junger Mann, auf, der wegen sexueller Nötigung vorbestraft war. Da die Schnittstellen an den Weiden des Tatortbereiches auch von einem Bajonett stammen konnten, ermittelten wir ebenso gegen die Sowjets. Dieser Verdacht konnte aber rasch ausgeräumt werden. Der vorbestrafte Dieter H. konnte kein Alibi aufweisen. Das traf auch für seinen bereits vorbestraften Bruder zu. Kurze Zeit nach diesem Mord wurde Dieter H. als Täter eines Raubes ermittelt. Er hatte eine Frau angegriffen, dann sexuell belästigt und ihr die Armbanduhr gestohlen. Die Aufklärung dieser Tat erfolgte durch die Kripo Gotha sehr zügig.

Im Zuge der weiteren Ermittlungen trat unser Faserexperte auf den Plan. Auf dem Pullover der ermordeten Frau fand er fremde Faserspuren, die von einer anderen Person stammten. Als er die Oberbekleidung von Dieter H. überprüfte, stellte er eine Übereinstimmung fest. Auch eine von den Kleidungsstücken der Ermordeten angefertigte Geruchsspur wurde mit seinen Kleidungsstücken überprüft. Auch hier war das Ergebnis positiv.

Es erfolgte die Zuführung von Dieter H. Er sollte erklären, wo er sich am Tattag aufgehalten hatte. Ein Lügenmärchen folgte dem anderen.

Wir hielten dem vorbestraften Sexualtäter die Beweise vor und drängten ihn in die Enge. Nach mehreren Stunden war er geständig: Er hatte die Geschädigte am Bahnhof O. abgefangen, als sie mit dem Fahrrad nach Hause fahren wollte. Unter Androhung von Gewalt fuhr er sie an den späteren Tat- und Verbrechensort. Dort schlug er sie bewußtlos und würgte sie. Dann entkleidete er sein Opfer. Er selbst zog sich ebenfalls aus und vergewaltigte die hilflose Frau. Um seine Tat zu vertuschen, ermordete er das Opfer. Nach der Tat zog er die Tote wieder an und vergrub sie am Rand des kleinen Sees. Zuvor hatte er mit einem größeren Taschenmesser mit recht scharfer Klinge die Weidenstäbe am Ufer

in einer Breite von zwei Metern abgeschnitten und über dem Grab der Toten in das Erdreich gesteckt. Er hoffte dadurch, die Entdeckung der Leiche erheblich zu erschweren. Ich lag also mit meiner Vermutung, daß ein Bajonett zum Abschneiden der Weiden benutzt worden sein könnte, gar nicht so falsch. Die gebräuchlichen Kalaschnikow-Bajonette hatten und haben die Form von Kampfmessern. Das Fahrrad der Toten warf er in ein abgelegenes Gestrüpp.
Der Täter wurde zu einer hohen Gefängnisstrafe verurteilt. Ob er je wieder in Freiheit kam, ist mir nicht bekannt.

Das Verbrechen lauerte hinter dem »Nadelöhr«

Es kann 1986 oder 1987 gewesen sein, als es in der Nähe des »Nadelöhrs« im Goethepark zu einem besonders brutalen Sexualverbrechen kam.

Es waren herrliche Frühlingstage, und die Menschen in Weimar »verabschiedeten« gern den Winter. Urlaubspläne wurden geschmiedet, die Gartenbesitzer, oder auch »Laubenpieper« genannt, machten erste Anstalten für die Herrichtung der Beete und führten den sogenannten »Frühjahrsputz« durch.

Es war an einem Montag gegen 18 Uhr, als der Kriminaldauerdienst des VPKA Weimars eine junge 20jährige Amerikanerin als Anzeigenerstatterin in Empfang nahm. Es handelte sich um eine Studentin aus dem US-Bundesstaat Ohio. Sie erzählte uns, daß die DDR Angebote für die Belegung von Grammatikseminaren in Weimar bereithalte. Obwohl sie die deutsche Sprache perfekt mündlich und schriftlich beherrschte, nahm sie gern dieses Angebot an. Untergebracht war sie in der Gästeunterkunft im Wohngebiet am Horn.

Was zeigte diese junge, hübsche und temperamentvolle Amerikanerin an? Am Vortag, also Sonntag, war sie gemeinsam mit einem Studenten aus der DDR im Studentenclub »Kasseturm«. Dort wurde getanzt, geplaudert und getrunken. Die Stimmung war wie immer ausgelassen und fröhlich. Niemand kann eigentlich so schön feiern wie die Studenten!

Es war bereits nach 22 Uhr, als sich die junge Frau entschloß, gemeinsam mit ihrem deutschen Begleiter den Heimweg anzutreten. Der kürzeste Weg zur Gästeunterkunft war der durch den Goethepark. Vom Markt aus gingen sie in Richtung Naturbrücke, die über die Ilm führt. Rechts von der Brücke befindet sich das bekannte »Nadelöhr«. Dabei handelt es sich um einen engen Durchgang vom oberen Parkweg zur Brücke, der aus felsartigem Gestein besteht. Von dort führt ein Weg in Richtung Goethe-Gartenhaus.

Wenige Meter hinter der Naturbrücke lauerten drei oder vier Männer in einem Gebüsch. Als die beiden an dieser Stelle vorbeikamen, von der Gefahr nichts ahnend, wurden sie von hinten angegriffen. Die junge Frau wurde gewaltsam zu Boden gerissen. Ihr Begleiter wurde zusammengeschlagen und mit einem Messer bedroht. »Wenn du schreist, steche ich dich ab!« waren die Worte. Die Amerikanerin, die auf ihre Staatsbürgerschaft hinwies und dadurch eventuell auf Nachsicht hoffte, wurde von drei Tätern brutal vergewaltigt.

Widerstand zu leisten war zwecklos. Die grausame Tat dauerte fast eine halbe Stunde. Dann flüchteten die Täter und rannten in Richtung Naturbrücke und damit zur Stadtmitte.

Der verletzte Student kümmerte sich zuerst um die junge Frau.

»Das waren eindeutig Kubaner«, sagte er.

»Ja, Kubaner!«

»Laß uns zur Polizei gehen und die Schweine anzeigen!« forderte er, doch die junge Amerikanerin lehnte ab.

»Die glauben mir doch sowieso nicht.«

In der Gästeunterkunft herrschte große Aufregung, als bekannt wurde, daß eine Studentin vergewaltigt worden war. Gehe zur Polizei und zeige die Verbrecher an, baten ihre Kommilitonen, aber sie lehnte eine Anzeige ab. Sie meinte, daß derart geschädigte Frauen oft psychisch unter Druck gesetzt würden und man ihren Angaben nicht glaube. Das ist eine traurige Wahrheit. An dieser Stelle verweise ich auf die Tatsache, daß nach DDR-Strafrecht wie auch im vereinigten Deutschland die Vergewaltigung ein Offizialdelikt ist (siehe Anmerkung).

Dann ging aber doch noch eine Anzeige ein! Nachdem der Kriminaldienst unter Rudi R. diese entgegengenommen hatte und nunmehr auch wußte, warum die Geschädigten erst einen Tag später erschienen, rief er um 19 Uhr den Leiter K an und erkundigte sich, wie es weitergehen solle. Beim Chef der Kripo, Albert Peter, meinem ersten Lehrmeister in der Kriminalpolizei, »klingelten«, wie man so sagt, »alle Glocken«.

Eine Amerikanerin als Geschädigte und vermutlich Kubaner, die sich zur Ausbildung in Weimar befanden, als Täter – das mußte aufgeklärt werden. Er beorderte eine Einsatzgruppe sowie einen Fährtenhundeführer samt Spürnase zur Dienststelle. Ich wurde verständigt und brachte die Spezialisten zur Bekämpfung der Ausländerkriminalität zum Einsatz.

Am Montag, also einen Tag nach der Tat, befand sich die Amerikanerin an der Bushaltestelle am Goetheplatz. Sie sah mehrere Kubaner in den Bus einsteigen, der in Richtung Weimar-Werk fuhr. Das Weimar-Werk war bekannt für die Produktion von Mähdreschern. Dabei erkannte sie mindestens zwei der Vergewaltiger wieder. Dies veranlaßte das Opfer, doch zur Polizei zu gehen.

Der Tatort wurde sofort untersucht. Es konnten Teilschuheindrücke im Erdbereich gesichert werden, aber auch Spermien- und Blutspuren. Der Einsatz des Fährtenhundes verlief ergebnislos.

Die sich auf Grund von Regierungsabkommen zur Ausbildung in der DDR befindlichen Ausländer waren in einer überschaubaren Anzahl. Illegale Aufenthalte gab es kaum.

Der Leiter K von Weimar ging fest davon aus, daß Kubaner, die im Weimar-Werk lernten, als Täter in Frage kamen. Die in Weimar auszubildenden Algerier und Mosambikaner wurden nicht in den Fokus genommen. Der Kripochef nahm Kontakt zum Direktor der Verwaltung und Ausbildung des Weimar-Werkes, Paul H., auf. Man beschloß, alle ausländischen Bürger des Betriebes über vorbeugenden Brandschutz und Einhaltung von Unfallverhütungsvorschriften sowie Fragen der allgemeinen Ordnung und Sicherheit zu belehren. Dabei erfolgte auch die Lohnauszahlung. Drei Gruppen wurden eingeteilt. Das Opfer saß verdeckt mit einem Kriminalisten hinter dem Präsidium. Als die dritte Gruppe »durch war«, konnte das Ergebnis nur als negativ bezeichnet werden. Die Geschädigte verließ mit dem Fahnder M. W. den Saal, und beide gingen auf den Hof des Werkes. Da kam ein Kubaner an, der sich verspätet hatte. Unsere Geschädigte drückte ganz fest den Arm des Kriminalisten und sagte mit erstickter Stimme: »Das ist einer von denen.« Bevor dieser Verdächtige auch nur Anstalten zur Flucht machen konnte, da er ebenfalls das Opfer erkannt hatte, war er schon vorläufig festgenommen.

Es war vielleicht eine Stunde später, als die anderen drei Täter aus der Wohnunterkunft geholt und ebenfalls vorläufig festgenommen wurden. Sie wollten ihren Rausch vom Vortag ausschlafen und hatten lediglich einen von ihnen zur Belehrung geschickt, der auch noch zu spät kam. Später folgte noch ein fünfter Tatverdächtiger.

Meine »Ausländergruppe« übernahm die geständigen Täter. Sie wollten nicht nach Kuba zurück, entschuldigten sich bei der Geschädigten und bettelten, in der DDR bleiben zu dürfen. Dennoch wurden sie ausgewiesen und der Fall den kubanischen Behörden übergeben. Wie sie bestraft wurden, weiß ich nicht, da die abschließende Bearbeitung durch das Ministerium für Staatssicherheit erfolgte.

Die junge Amerikanerin war fassungslos, daß die Polizei mit einem solchen Einsatz und Aufwand diese Straftat zur Aufklärung gebracht hatte. Sie hätte am liebsten jeden Polizisten, der an der Lösung des Falles mitwirkte, umarmt.

Zu einem der Polizisten sagte sie: »Danke, deutsche Polizei!«

Anmerkung:
In Deutschland ist die Vergewaltigung ein Offizialdelikt. Das bedeutet, daß diese Straftaten mit Bekanntwerden von Amts wegen verfolgt werden müssen (siehe StGB der DDR § 121; ebenso StGB Deutschland § 177).

Antragsdelikte sind Straftaten, die nur auf Antrag des Geschädigten oder Bevollmächtigten verfolgt werden. Das Antragsrecht muß im Gesetz fixiert sein, z. B. Körperverletzung gemäß §§ 223 und 229 StGB.

Mit Schürze und Schere

Ich war wohl schon sechs Jahre als Kriminalist in Weimar tätig, als mich Erhard F. mit seinen einzigartigen Methoden beeindruckte.

Dieser Mann brauchte eigentlich keinen Abschluß einer Polizeischule (den er natürlich hatte), da seine Lebenserfahrungen mit praktischen, logischen Vorgehensweisen nicht erlernbar waren. Im richtigen Moment das Richtige machen und sich voll auf seine Intuition (also Bauchgefühl) verlassend, war er bei ganz »speziellen« Fällen unersetzlich.

Die Kriminalpolizei hatte nicht nur sehr gute Kontakte zum Bereich Volksbildung, sondern auch ganz konkrete zum Gesundheitswesen. Das traf in erster Linie auf den Fürsorgebereich zu.

Eines Tages erhielten wir eine Fahndungsmeldung nach einer 17 oder 18 Jahre alten jungen Frau aus Weimar. Inka O. trieb sich bereits als Jugendliche häufig herum.

Die Schule und später die Teilausbildung zur Altenpflegerin nahm sie nicht sonderlich ernst. Ihre geistigen Fähigkeiten hielten sich in recht engen Grenzen.

Im Pubertätsalter entdeckte sie andere Vorzüge ihres Körpers. Der Drang nach sexuellen Beziehungen zu Männern nahm zu. Tagelang blieb sie verschwunden, und immer fanden wir sie bei Männern, häufig auch in Wohnunterkünften ausländischer Bürger, die sich mit entsprechenden Genehmigungen zeitweilig zur Ausbildung in der DDR aufhielten.

Sie entfaltete ihre Fähigkeiten auf dem Gebiete der heimlichen Prostitution – in der kriminalistischen Arbeit wurde sie (jetzt würde mein Freund Wolfgang Held wieder sagen:

»Klaus, du bist kein Poet«) HWG-Person genannt. Leider fehlen mir dazu romantische Umschreibungen.

Eines Tages wurde bei ihr nach einem Befund des Frauenarztes der Verdacht auf eine Geschlechtskrankheit geäußert. Die zuständigen Ärzte bestätigten diesen Verdacht und erklärten, daß die junge Frau sofort in die geschlossene Abteilung der Hautklinik Erfurt eingewiesen werden solle. Als sie nach ihren Männerbekanntschaften der letzten Zeit befragt wurde, war ihr nur ein Name bekannt. Die restlichen Männer, mit denen sie Geschlechtsverkehr hatte, konnte sie nicht benennen.

Da ihre Erkrankung hochgradig ansteckend war, wurde der von ihr benannte Mann gebeten, zu einer Untersuchung zu erscheinen. Das Ergebnis: Er war ebenfalls infiziert und hatte bereits zwei Frauen angesteckt.

Wie bereits erwähnt, kam Inka O. nach der Festnahme in die Hautklinik nach Erfurt. Dieses Gebäude befand sich in der Werner-Seelenbinder-Straße (gegenüber dem heutigen Landtagsgebäude). Die Industrie- und Handelskammer hat seitdem das ehemalige Klinikgebäude übernommen, Um- und Anbauarbeiten durchgeführt und einen guten repräsentativen Mittelpunkt für die Arbeit der IHK geschaffen.

Im Gebäude der damaligen Hautklinik befand sich in der oberen Etage der Bereich der geschlossenen Abteilung. Hier wurden die ansteckenden Krankheiten behandelt. Für Inka war dieser Aufenthalt zuviel. Sie wollte hier heraus, sich mit Männern verlustieren und Alkohol trinken. Da beide »Wünsche« im geschlossenen Bereich nicht erfüllbar waren, nahm sie sich vor, von dort »abzuhauen«.

Als die Patientinnen eines Tages neue Bettwäsche brauchten, ließ das Pflegepersonal für einen kurzen Augenblick die Eingangstür zur geschlossenen Abteilung offen. Inka verschwand schnell und vor allem unbemerkt, klaute eine Etage tiefer von einem Kleiderhaken den Mantel einer Besucherin und konnte ohne weitere Schwierigkeiten die Klinik verlassen.

Als ihr Verschwinden bemerkt wurde, war sie schon »über alle Berge«.

Die junge Frau bekam plötzlich unglaubliches Heimweh. Sie besaß zur ihrer alleinlebenden Mutter ein inniges Verhältnis. Sobald die Mutter ihr jedoch ihr lasterhaftes Leben vorhielt, schaltete sie sofort auf »stur«.

Die Klinik informierte die Polizei in Erfurt, worauf sofort Fahndungsmaßnahmen einsetzten. Die Polizei in Weimar wurde ersucht, bei der Mutter von Inka vorzusprechen. Als wir das erste Mal Hannelore O. aufsuchten, konnte sie keine Hinweise zum Aufenthalt ihrer Tochter geben. Sie versprach aber, uns umgehend zu verständigen, wenn Inka erschiene.

Noch am selben Nachmittag gaben Nachbarn an, Inka bereits am Vormittag ins Haus gehen gesehen zu haben. Also hatte uns, wenn es stimmte, Frau O. belogen.

Wie sagt man so schön: »Blut ist dicker als Wasser!«

Inka wurde offensichtlich von der Mutter in der Wohnung versteckt. In Begleitung meines bereits erwähnten Kollegen Erhard F. begab ich mich erneut zur Familie O. Nach langem Klingeln öffnete Frau O. die Wohnungstür. Ich bat sie, uns in die Wohnung zu lassen. Erst zögerte sie, doch dann ließ sie uns ins Wohnzimmer.

»Haben Sie mittlerweile etwas von Ihrer Tochter gehört?« fragte ich.

»Nein, ich habe von Inka weder etwas gehört noch etwas gesehen.«

»Es besteht bei Inka Ansteckungsgefahr. Wissen Sie das?«

»Kann sein. Schuld sind allein die Kerle. Die haben dann eben Pech gehabt«, antwortete sie unbeeindruckt.

Das war nicht ganz abwegig.

Plötzlich hielt sich mein Kollege den Bauch. Mit schmerzverzerrtem Blick fragte er, ob er einmal auf die Toilette dürfe. Frau O. bejahte und zeigte ihm den Weg. War der Leutnant der K Ehrhard F. wirklich krank? Sorgen machte ich mir schon. Aber keine zwei Minuten später waren diese zerstreut, als die Wohnzimmertür aufging und der Kollege die gesuchte Inka in die Stube schob.

»Klaus, sieh mal, wen wir hier haben!«

Inka hatte sich in ihrem Zimmer versteckt. Die Mutter fing an zu weinen, und auch Inka heulte drauflos. Unsere gut gemeinten Hinweise, daß sie nach dem Klinikaufenthalt wieder ganz gesund sein würde und ihr Leben besser meistern könne, stießen in diesem Moment auf taube Ohren. Sie wollte partout nicht mit uns mit. Wie von der Tarantel gestochen lief sie im Zimmer umher, und als ich sie am Arm festhalten wollte, riß sie sich los und stürzte auf ihre Mutter zu. Inka erinnerte sich wahrscheinlich an ihre frühen Kindheitstage, als sie im Schoß der Mutter immer Schutz fand.

Hannelore O. trug an diesem Tag eine weiße Schürze mit gestickten Blümchen darauf. Plötzlich fiel Inka auf die Knie und biß sich in dieser Schürze fest.

Ich hatte durchaus Verständnis für Mutter und Tochter, wußte aber in diesem Moment keinen Lösungsansatz. Gewalt anzuwenden, kam nicht in Frage. Hier war guter Rat teuer. Allerdings hatte Inka nicht mit dem Ideenreichtum eines Polizisten gerechnet. Abermals trat mein Kollege auf den Plan. Mit sicherem Blick sah er auf der kleinen Anrichte eine Schneiderschere liegen. Die nahm er und schnitt kurzentschlossen mehrere Zentimeter von der Schürze rund um Inkas Mund ab. Sie kniete zwar immer noch auf dem Boden und hielt das abgeschnittene Stoffteil fest zwischen den Zähnen, war aber von ihrer Mutter »getrennt«. Inka erinnerte mich in dieser Situation an ein Kleinkind, das ein Lätzchen oder ein Stofftier im Mund festhielt.

Dieses Bild hat sich in mein Gedächtnis eingeprägt. Heute muß ich immer wieder darüber lachen, damals war mir nicht danach zumute. Jedenfalls hatten der Einfallsreichtum und die Entschlossenheit des »tapferen Schneiderleins« die Situation wesentlich entspannt.

Die Mutter redete auf Inka ein: »Es wird alles gut, wir schaffen das.« Die junge Frau ging widerstandslos mit uns. Wir selbst fuhren sie nach Erfurt, um die Situation im Griff zu behalten. Während der Fahrt versuchte ich, sie von der Richtigkeit der Maßnahmen zu überzeugen.

Den abgeschnittenen Teil der Schürze nahm ich mit, als eine Art »Beweisstück«. Der Leiter der Kriminalpolizei zeigte zwar Verständnis für unsere eigenartige Vorgehensweise, schickte uns aber dann noch einmal zur Mutter von Inka. Dort hatten wir für eine neue Schürze zu zahlen. Leider ist der Stoffetzen nicht mehr vorhanden.

Inka O. besserte sich nach ihrer Genesung und versprach, ein anderes Leben führen zu wollen. Ob es ihr gelungen ist, weiß ich nicht.

Das verräterische Feuerzeug

Es war im Sommer 1988, einem Sommer, der seinem Namen alle Ehre machte. Auch eine ältere Frau in Mühlhausen genoß diese warmen Sommertage mit langen, aber einsamen Spaziergängen. Durch Schicksalsschläge und Enttäuschungen war ihr Verhältnis zu ihren Mitmenschen sehr distanziert, vor allem aber mit Männern wollte sie nichts mehr zu tun haben. So lebte sie sehr einsam und ließ in nur sehr seltenen Fällen jemanden ihre Wohnung betreten. Trotz ihrer Zurückgezogenheit legte sie noch viel Wert auf gepflegtes und modisches Aussehen. Die Nachbarschaft respektierte diese Zurückgezogenheit.

Trotzdem fiel es natürlich auf, daß man Frau Hilde M. neuerdings weder beim Einkauf noch beim täglichen Spaziergang sah. Man dachte zuerst an eine Krankheit, aber als es von Hilde M. immer noch kein Lebenszeichen gab, kam man in der Nachbarschaft zu dem Entschluß, man müsse jetzt die Polizei verständigen. Nach mehrmaligem Klingeln und Klopfen öffneten wir die Wohnung. Dort fanden wir Hilde M. fast unbekleidet auf dem Boden des Schlafzimmers liegen. Sie war tot.

Die ersten gerichtsmedizinischen Gutachten ergaben, daß Hilde M. vergewaltigt und danach erdrosselt worden war. Es konnte eine Vielzahl von Spuren gesichert werden, so z. B. Sperma, Teilabdrücke von Fingern und Schuhabdruckspuren. Trotzdem waren die Spuren nicht so eindeutig, daß sie uns zum Täter führen konnten. Aber etwas Auffälliges fanden wir doch!

Auf dem Tisch lag ein nicht handelsübliches Feuerzeug mit Leuchteffekten. Wir wußten, daß Hilde M. strikte Nichtraucherin war. Es bestand also die Möglichkeit, daß das

Feuerzeug dem Täter gehörte. Leider waren auch am Feuerzeug die daktyloskopischen Spuren nicht auswertbar. Die Ermittler stellten nun die verschiedensten Fallvisionen auf. Wir bezeichneten das als kriminalistisches Denken. Sollte das Feuerzeug dem Täter gehören? Was dachte er, als er den Verlust bemerkte? Es war ja ein sehr auffälliges Feuerzeug. Freunde und Familie hatten es sicherlich schon gesehen. Konkreter: Das Feuerzeug könnte ihn als Mörder der Frau verraten. Daraus konnte nur die Überlegung resultieren: »Ich muß es vom Tatort wiederholen!«

Da wir Kriminalisten uns immer in die Psyche der Täter »einklinken« mußten, hofften wir natürlich auf diese Reaktion. Es wurden bestimmte Vorkehrungen getroffen. Der unbekannte Täter war durch ein angelehntes Fenster in die Parterrewohnung der Ermordeten eingedrungen. Das Fenster befand sich zur Hofseite, wo auch ein großer Kastanienbaum stand. Vier Kriminalisten stellten wir für die Überwachung der Wohnung ab, ein Kriminalist übernahm die Absicherung aus den Ästen der großen Kastanie. Das Fenster wurde wiederum angelehnt. Es geschah nicht immer so, daß alles nach unseren Plänen und Vorstellungen verlief, aber in diesem Falle war uns das Glück der Tüchtigen hold.

Noch am selben Abend erschien eine männliche Person im Hofgarten. Nach mehreren Absicherungsblicken näherte sich der Mann dem angelehnten Fenster der Wohnung und stieg ein. Als er sein Feuerzeug vom Tisch nehmen wollte, traten die Kriminalisten in Aktion. Die Handschellen klickten. Zur Gegenwehr oder gar Flucht blieb keine Zeit.

Der Täter war ein Angehöriger der Marine der NVA und kannte die Getötete. Er fand Frau Hilde M. aufgrund ihres gepflegten Äußeren sehr begehrenswert, obwohl sie seine

Mutter oder sogar Großmutter hätte sein können. Ihre Distanziertheit kam ihm bei seiner Tat sehr gelegen. Er stieg durch das geöffnete Fenster ein, vergewaltigte die in Panik geratene Frau und tötete sie, um nicht entdeckt zu werden.

Das »tolle« Feuerzeug stammte aus seinem Marineleben. Der Mörder war sich darüber im klaren, daß das Feuerzeug mit Sicherheit auf seine Spur führen würde. Doch er hatte zwei Dinge verkannt: Zum ersten, daß die Nachbarn doch bemerken, wenn eine Person das Haus nicht mehr verläßt, und zum zweiten hatte er nicht mit der Logik des kriminalistischen Denkens gerechnet. Die Versionen des Leiters der MUK und seiner Mitarbeiter hatten ihn in die Falle gelockt. Das Urteil lautete lebenslänglich für den Täter.

Ein verhängnisvoller Brief aus der Heimat

Es war Anfang der 80er Jahre, als die sowjetischen Behörden mit ihren eigenen Ermittlungen nicht weiterkamen und uns um Unterstützung baten. Grund: ein Soldat der Streitkräfte aus dem Standort Nohra war fahnenflüchtig und zum Mörder geworden. Wie wir alle wissen, ist allein schon die Fahnenflucht in jeder Armee ein schweres Vergehen.

Durch langjährige Erfahrungen kannten wir natürlich die häufigsten »Fluchtrichtungen«, die je nach den vorliegenden Gründen der Soldaten geprägt waren, d. h. nach Ost oder West. Die Flüchtenden orientierten sich eigentlich immer am Verlauf der Autobahnen, dem Inselsberg oder dem Schienennetz der Deutschen Reichsbahn.

Im hier geschilderten Fall handelte es sich um eine tragische Liebesgeschichte, die einen jungen Soldaten, fern seiner Heimat Usbekistan, dermaßen aus der Bahn warf.

Wie alle Soldaten wartete Kolja F. sehnsüchtig auf Post aus der Heimat. Endlich wurde beim Morgenappell auch sein Name aufgerufen, und er erkannte schnell die etwas ungelenke Schrift seiner Mama. Die Freude war groß, und rasch war der Brief geöffnet. Doch plötzlich stockte Kolja der Atem. Mama schrieb, daß Igor, sein älterer Bruder, ein mehr als freundschaftliches Verhältnis zu Natascha, seiner großen Liebe schon seit Schulzeiten, aufgenommen hatte. Der Schmerz und der Zorn auf seinen Bruder, der die Zeit seines Wehrdienstes so schamlos ausnutzte, übermannte den jungen Soldaten.

Sein Fazit: Ich muß diese Situation klären, aber wie?

Den Kompaniechef um Sonderurlaub zu bitten, wäre ein hoffnungsloser Fall gewesen! In seiner Ohnmacht sah der

20jährige nur einen Ausweg – vom Standort abzuhauen und nach Hause zu gelangen. In seinen Gedanken nahm der Plan immer konkretere Formen an, zumal Natascha ihre Briefpost zu ihm eingestellt hatte. Endlich kam ein Tag, an dem er dienstfrei hatte. Das bedeutete, einen kleinen Vorsprung zu haben, bis seine Flucht bemerkt werden würde. Er beschloß, sich nach Erfurt zu begeben. Von dort fuhren die Züge der Sowjets nach Brest. Natürlich konnte er nicht offiziell fahren. Er mußte also eine Möglichkeit finden, sich im Zug zu verstecken. Nachdem er durch die Waggons gelaufen war, traf er auf einen Zugelektriker, einen Esten, der schon seit mehreren Jahren diese Züge begleitete. Ein Abteil stand dem Personal zur Verfügung.

Kolja sprach den Elektriker an und bat ihn flehentlich, ihn in diesem Abteil zu verstecken. Natürlich war sich dieser Mann der großen Gefahr bewußt, wenn er dieser Bitte entsprechen würde, und lehnte ab. Kolja bat noch einmal. Obwohl ihm der junge Bursche im Herzen leid tat, antwortete er wieder mit einem klaren »njet« (nein).

Kolja sah alle seine Pläne und Träume zerrinnen. In maßloser Wut holte er das mitgeführte Messer aus dem Stiefelschaft und stach zu. Der erste Stich in die Brust seines Opfers war tödlich. In traumatischer Panik verließ Kolja den Zug und fuhr, natürlich ohne Fahrkarte, unbemerkt im Abteil des Zugpersonals über Weimar nach Nohra zurück. Seine Abwesenheit war bereits bemerkt worden und die Suche nach ihm in vollem Gange.

Nach der Entdeckung der Leiche des Elektrikers wurden wir durch die Militärstaatsanwaltschaft der NVA informiert. Auf Ersuchen der sowjetischen Behörden sollte die MUK den Tatort untersuchen, nicht aber die Leiche. Darauf gingen wir nicht ein. Entweder eine komplette Untersuchung oder gar keine!

Der Zug setzte sich in Bewegung und fuhr ab.
Wir protestierten noch einmal mit Nachdruck, mit dem Ergebnis, daß der Zug nach einiger Zeit wieder nach Erfurt zurückgeführt wurde. Nach weiteren Zuständigkeitsquerelen kam endlich das Signal vom Militärgeneralstaatsanwalt der in der DDR stationierten sowjetischen Streitkräfte, daß die deutsche MUK die Ermittlungen durchführen könne.
Peter Schilling als Leiter der MUK atmete erst einmal tief durch.
Die Spuren führten sehr schnell zu Kolja, und er wurde wenige Stunden später im Militärobjekt Nohra festgenommen. Nach der erfolgten Vernetzung wurde der gesamte Ermittlungsvorgang über die Militärstaatsanwaltschaft der NVA an die der sowjetischen Streitkräfte übergeben.
Kolja wurde wegen Mordes und Fahnenflucht durch ein Militärgericht verurteilt. Wie das Urteil ausfiel, haben wir nicht erfahren.
Dieser Fall hat uns damals tief berührt und bewegt uns alle auch heute noch. Wer Söhne im gleichen Alter hat, kann sich vorstellen, wie einem jungen Menschen fern von zu Hause zumute ist, wenn er feststellen muß, daß ihm in der Heimat die Liebste genommen wird. Sollte man einem in dieser Situation völlig hilflosen Menschen immer die Wahrheit sagen? Sicher wird Koljas Mutter die Zeit ihres Lebens nicht mehr froh geworden sein.

DIE ENTFÜHRUNG AUS DER KINDERKLINIK

Immer wieder müssen wir uns mit Rechtsbrechern auseinandersetzen, die ihre pädophilen Neigungen nicht überwinden können. Von grausamen Quälereien von Kindern bis hin zu Mord reicht das Spektrum. Glücklicherweise sind solche Verbrechen nicht häufig, selbst wenn uns die Medienberichte dies suggerieren. Wie oft ermitteln wir die Täter im Familien- oder engeren Bekanntenkreis der Geschädigten. Nicht selten sind es aber auch sogenannte Vertrauenspersonen der Kinder, wie z. B. ihre Lehrer, Erzieher, Betreuer, Trainer und Freunde der Familien. Daraus soll aber nicht geschlußfolgert werden, daß dieser Personenkreis potentiell verdächtig ist. Besonders gefährlich bleiben auch die Täter, die nicht zum Familien-, Bekannten- oder Verwandtenkreis gehören. Die Ermittlungs- und Aufklärungsarbeit ist dann erschwert.

Im nun geschilderten Fall wird diese Tatsache untermauert. Mein Leiter der Mordkommission und ich sind noch heute stark emotional bewegt, wenn wir an die Tat denken und darüber sprechen.

Es war Pfingsten Anfang der 80er Jahre, als aus der Kinderklinik einer größeren Kreisstadt der Anruf kam, daß ein nur wenige Wochen altes Baby entführt worden sei. Dabei handelte es sich um ein kleines Mädchen, das sich auf Grund einer Krankheit in der Klinik einer Behandlung unterziehen mußte. Als die Eltern die Kleine besuchen wollten, war das Bettchen leer, und sie mußten erfahren, daß ihr Kind entführt worden war. Es war für uns klar, daß niemand die Stadt verlassen würde, ehe wir diesen Verbrecher gefaßt hatten. Die erweiterte MUK kam zum Einsatz.

Noch am selben Tag, es war schon dunkel, unternahm ein

Ehepaar einen Spaziergang durch den Stadtpark. Plötzlich blieben die beiden stehen, da sie aus einem Gebüsch jämmerliches Wimmern vernahmen. Sie glaubten, daß sich ein verletztes Tier dort versteckt habe. Der Mann zog seine Taschenlampe hervor und leuchtete in die Richtung der Geräusche. Was die beiden dann sahen, war schockierend und unfaßbar.

In einem Karton lag ein kleines Baby. Es war nackt und arg verletzt. Schnell wurde ärztliche Hilfe gerufen und die Polizei verständigt. Bei dem Opfer handelte es sich um das kleine entführte Mädchen.

Wer war zu einem solch grauenvollen Verbrechen fähig? Das Untersuchungsergebnis der Ärzte besagte, daß an der Kleinen sexuelle Handlungen vorgenommen wurden. Diese abartige und abscheuliche Straftat trieb unseren Willen, diesen Täter zu fassen, noch stärker an. Die Entführung geschah während der Besuchszeit. Der Täter mußte sich eingeschlichen haben!

Die gesamte Personenbewegung im Eingangs- und Empfangsbereich der Klinik wurde erfaßt. Zeugen wurden vernommen. Es gab aber keinen konkreten Hinweis oder Verdacht. Das kleine Mädchen hatte den furchtbaren sexuellen Mißbrauch glücklicherweise überstanden.

Im Karton, in dem es vorgefunden wurde, konnten Spermaspuren gesichert werden. Es gab zahlreiche Ermittlungsrichtungen. Eine der wichtigsten war die Überprüfung aller einschlägig vorbestraften Personen und deren Alibiabgleichung. Dabei kamen fünf Personen als dringend tatverdächtig in Betracht. Ihr Alibi war recht schwach, das heißt, sie wurden von Freunden oder in einem Fall der Mutter bestätigt.

Günther V., mehrfach vorbestraft, unter anderem wegen sexueller Handlungen an Kindern, konnte kein Alibi vorweisen. Er behauptete, über Pfingsten zu Hause gewesen zu sein. Da er alleinstehend war, konnte niemand seine Aussage bestätigen. Nachbarn wollten ihn aber aus dem Haus weggehen gesehen haben. Dieser Mann wurde daher immer tatverdächtiger.

Er war im Kohlehandel (im Volksmund »Kohlentrümmer«) als Arbeiter beschäftigt. Die Gerichtsmedizin nahm sich seiner Untersuchung an. Der Leiter der MUK kann sich noch erinnern, daß die von uns geschätzte Chefin des Bereiches, Frau Prof. Dr. Kerde, mitteilte, »daß dieses alte Schwein sogar Kohlenstaub unter der Vorhaut hatte«.

Günther V. konnte anhand der Spermaspuren überführt werden. Er legte ein umfassendes Geständnis ab. Am Tattag wollte er sich wie so oft sexuell befriedigen. Manchmal schnallte er sich fünf bis sechs Gürtel um den Bauch, weil er dadurch in Erregung kam.

Dann kam die Idee mit der Kinderklinik.

Da Besuchszeit war, konnte er ohne Probleme in das Krankenhaus gelangen. In den Zimmern der Kinderabteilung hielten sich bereits Besucher auf. Daraufhin begab er sich in die Station, in der die Babys lagen. Hier würde ihn niemand beobachten. Er holte die kleine Moni aus dem Bettchen und verschwand mit ihr unerkannt durch die Tür eines Seitenflügels.

Im Klinikbereich fand er einen Karton, in den er das Baby legte. Als er im Stadtpark in einem Gebüsch an dem kleinen schutzlosen Mädchen sexuelle Handlungen, wie Streicheln zwischen den Beinen, durchführte und sein Geschlechtsteil an dem des Babys rieb und drückte, fand dieses Monster Befriedigung.

Die brutale Behandlung führte zu furchtbaren Verletzungen an dem Kind. Nach seiner abscheulichen Tat ließ er sein Opfer, immer noch im Karton liegend, im Gestrüpp zurück.

Er verschwand und überließ die Kleine ihrem Schicksal. Es war ein großes Glück, daß das Ehepaar seinen Spaziergang in dieser Gegend unternahm. Die Rettung kam gerade noch rechtzeitig.

Günther V. wurde wegen Kindesentführung in Tateinheit mit sexuellem Mißbrauch und schwerer Körperverletzung zu einer hohen Gefängnisstrafe verurteilt. Es waren, glaube ich, neun Jahre Gefängnis, die er absitzen mußte. Man zog auch in Erwägung, ihn in eine psychiatrische Einrichtung einzuweisen.

Vielleicht noch eine rechtliche Darlegung zur Tateinheit und Tatmehrheit:

Wenn der Täter mit einer in sich geschlossenen Straftat mehrere Tatbestände verletzt, handelt er in Tateinheit. Das Urteil wird mit der am höchsten angedrohten Freiheitsstrafe gebildet. Die anderen verletzten Tatbestände werden subsumiert. Handelt der Täter aber in Serie oder zu unterschiedlichen Tatzeiten (es können auch unterschiedliche Tatbestände verletzt sein), ist die Tatmehrheit gegeben. Jedes einzelne Delikt wird mit dem jeweiligen Strafmaß bedacht, und schließlich werden die Einzelstrafen addiert und ergeben das Urteil.

Tatort: Blockstelle

Seit jeher mußten manche Menschen, um zu ihrem Arbeitsplatz zu kommen, ihren Heimatort verlassen. In der heutigen Zeit sind Entfernungen schneller zu überbrücken. Die Mobilität hat zugenommen. Entweder man muß den Weg zum Arbeitsort mit dem Auto oder dem Zug zurücklegen, oder man muß seinen Wohnsitz entsprechend wechseln. Wer nicht flexibel ist, bleibt wörtlich »auf der Strecke«.

Das war natürlich in der DDR aufgrund des wirtschaftlichen Entwicklungsstandes und der gegebenen Strukturen anders, sagen wir ruhig: bequemer. Trotzdem wurden nicht wenige Menschen z. B. mit der Deutschen Reichsbahn täglich vom Wohn- zum Arbeitsort und zurück transportiert. Beschaulich waren solche Fahrten immer. Wenn man sich nicht mit anderen Reisenden unterhielt, konnte man immer wieder mit einem Blick aus dem Fenster die schöne Thüringer Landschaft aufnehmen.

Es war im Sommer 1980, als sich ein Verbrechen an der Bahnstrecke Erfurt–Arnstadt–Ilmenau ereignete. Die Züge passierten auf dieser Strecke mehrere Blockstellen (im Volksmund auch Bahnwärterhäuschen genannt). Die Stellen waren fast immer nur mit einer Bahnangestellten oder einem Eisenbahner besetzt. Unter anderem wurden die Durchfahrtszeiten der Züge gemeldet. Es bot ein idyllisches Bild, wenn der Zug vorbeirauschte und die »Bahner« in ihrer Dienstbekleidung vor ihrer Blockstelle standen.

Eines Tages meldete sich eine gutaussehende junge Bahnangestellte nicht vorschriftsmäßig bei ihrer Dienststelle. Als ihre Kollegen in ihrem Blockstellenbereich nachforschten, fanden sie die Frau bewußtlos in einer Blutlache liegend vor. Man hatte ihr offensichtlich mit einem Messer in den

Rücken gestochen, was die Gerichtsmedizin später bestätigen konnte. Die Eisenbahnerin war von dem Täter oder mehreren vergewaltigt worden. Glücklicherweise überstand sie dieses brutale Verbrechen, blieb aber aufgrund der Messerstiche, die die Wirbelsäule in Mitleidenschaft zogen, querschnittsgelähmt. Über einen längeren Zeitraum war an eine Befragung ihrer Person nicht zu denken.

Eine umfassende Tatortarbeit begann. Der Leiter der Mordkommission mit seinen Männern leistete in Zusammenarbeit mit den Kriminalpolizisten der Transportpolizei hervorragende Arbeit. Bei der Absuche im erweiterten Tatortbereich wurde im Straßengraben ein Motorrad gefunden.

Das polizeiliche Kennzeichen war in Erfurt vergeben worden. Dort konnte auch der Halter festgestellt werden. Er hatte bereits gemeldet, daß sein Motorrad am selben Tag beziehungsweise am Tag zuvor von einem Erfurter Parkplatz gestohlen worden war. Trotzdem mußte eine gründliche Alibiüberprüfung erfolgen. Sie ergab nachweislich, daß der Halter als Tatverdächtiger ausschied.

Am Motorrad selbst fanden sich zwar daktyloskopische Spuren, sie reichten aber für eine Auswertung nicht aus. Der Parkplatz, von dem das Krad gestohlen wurde, befand sich in Erfurt-Nord. Es war dringend geboten, so schnell wie möglich einen Fährtenhund zum Einsatz zu bringen.

Wir ließen die Hündin Dina aus Gotha holen. Sie hatte schon öfter erfolgreich die Spuren von Rechtsbrechern verfolgt und zur Aufklärung etlicher Verbrechen wesentlich beigetragen. Schuheindruck- oder Abdruckspuren konnten nicht wahrgenommen werden. Dina nahm trotzdem eine Spur auf und »verbellte« beim Motorrad. Von dort fing sie an, unsicher zu werden. Zur Unterstützung Dinas wurde auch der Rüde Harras geholt.

Er bestätigte den Verlauf der Fährte. Vom abgelegten Krad begab er sich zum kleinen Fluß »Apfelstädt«, der leise plätschernd friedlich seinen Weg durch die Landschaft nahm. Sollte der Täter durch das Wasser gelaufen sein? Nein, denn am anderen Ufer nahm Harras keine Spur mehr auf. Warum der Verbrecher mit dem Motorrad nicht weggefahren war, wurde schnell geklärt. Die Zündung funktionierte nicht mehr, und das Fahrzeug sprang nicht an. Das war offensichtlich durch einen »artfremden« Zündschlüssel entstanden.

Die gesamten Ermittlungen richteten sich stark auf Erfurt-Nord aus. Hatte jemand den Diebstahl des Krades und damit den eventuellen Täter beobachtet? Alle vorbestraften Personen, insbesondere Kfz-Diebe, kamen ins Visier. Dann aber auch die Untersuchungsfrage: Welchen Bezugspunkt hatte der Täter zur Blockstelle?

Der Leiter der MUK und seine Mitarbeiter stellten die Version auf, daß der Verbrecher vom Zug aus die Geschädigte gesehen haben könnte. Es war denkbar, daß er danach das Verbrechen geplant und ausgeführt hatte. Das war eine Version.

Dann gab es plötzlich eine heiße Spur. Im Polizeirevier von Erfurt-Nord kamen die Personenkontrollzettel zur Auswertung. Solche Zettel wurden bei jeder polizeilichen Personenkontrolle ausgefüllt. Dabei wurde festgestellt, daß in der Nähe des Parkplatzes ein Bernd N. kontrolliert worden war.

Er wies bereits wegen Diebstahls Vorstrafen auf. Seine Überprüfung wurde nun gründlich vorbereitet. Nach seiner Zuführung stellte sich schnell heraus, daß er mehrmals die Bahnstrecke benutzte, um nach A. zu kommen. Auf Vorhaltungen, daß er die Geschädigte doch an ihrem Stellwerk oder Blockstelle gesehen haben mußte, gab er zu, er habe die junge Frau immer vor der Tür ihres Dienstraumes stehen sehen, wenn der Zug vorbeifuhr. Ein Alibi für die Tatzeiten (Diebstahl oder unbefugte Benutzung eines Krades und das Gewaltverbrechen an der jungen Frau) konnte er nicht aufweisen.

Bernd N. lebte allein in Erfurt. Da Spermien im Vaginalbereich der Geschädigten gesichert werden konnten, wurde nach der Einleitung eines Ermittlungsverfahrens Vergleichsmaterial genommen. Ärztliche Untersuchungen erfolgten. In seiner Wohnung wurde die Bekleidung sichergestellt. Die wesentlichen Befunde waren ganz geringe Blutspuren, die vom Opfer stammten. Ein bei ihm sichergestellter Schraubenzieher fungierte als Zündschlüssel.

Die Rekonstruktion des Tatablaufs ergab folgendes:

Bernd N. fuhr tatsächlich mit dem Zug, sah die Geschädigte und entschloß sich, die Frau zu vergewaltigen. Er wußte, wann sie ihren Schichtdienst antrat. Um zum Tatort zu gelangen, entwendete er von dem Parkplatz in seiner Wohnnähe das Fahrzeug. Er fuhr damit direkt bis zur Nähe der Blockstelle und fiel brutal über die sich verzweifelt zur Wehr setzende Frau her. Angeblich hatte er nicht die Absicht, mit dem Messer zuzustechen. Dann kam ihm der ängstliche Gedanke, daß sie ihn ja wiedererkennen könne. Deshalb stieß er dem Opfer das Messer in den Rücken.

Ohne sich weiter um die Schwerverletzte zu kümmern, begab er sich zum Motorrad. Seiner Meinung nach war die junge Frau tot. Jetzt begann er mehrere Versuche, das Fahrzeug zu starten. Es klappte nicht. Er warf es an den Straßenrand und rannte in Richtung des Flüßchens Apfelstädt. Das Wasser mag vielleicht kniehoch gewesen sein. Er wußte auch, daß Polizeihunde eine Täterspur über mehrere Kilometer verfolgen können, jedoch nicht im Wasser.

Er sprang in die Apfelstädt und lief mehrere Kilometer

durch das Wasser in Richtung Erfurt. Als er sich vor den Hunden in Sicherheit fühlte, verließ er das Flußbett und begab sich nach Hause.

Bernd N. wurde später psychologisch und psychiatrisch begutachtet und für schuldfähig befunden. Das Gericht verurteilte ihn zu 15 Jahren Haft. Man kann davon ausgehen, daß sich Bernd N. mittlerweile auf freiem Fuß befindet. Ob er jemals zum Opfer Kontakt aufgenommen hat, um Schadenersatz zu leisten oder sich zu entschuldigen, entzieht sich meiner Kenntnis.

Was aus der jungen Frau – sie blieb querschnittsgelähmt – geworden ist, kann ich nicht sagen. Ich glaube aber, alle, die mit diesem Fall zu tun hatten, werden sich immer an sie erinnern.

Dramatischer Frühlingsbeginn in Weimar

Es war der Beginn des Frühlingsmonats März. Nach den langen Wintermonaten erwachte nicht nur die Natur. Auch bei den Menschen konnte man feststellen, daß die Lebensfreude wieder stieg, obwohl ja auch die Winterzeit ihre Reize hat. Aber wieder im Garten zu arbeiten, die dicken Sachen abzulegen, sich noch mehr im Freien zu bewegen und Sommerurlaubspläne zu schmieden, das waren alle Jahre wieder willkommene Aussichten für die bevorstehende Zeit. Doch Anfang März 1982 wurde in Weimar diese idyllische Vorstellung durch ein Verbrechen überschattet. Eine junge Frau wurde ermordet.

Die Mordkommission unter der Leitung von Peter Schilling machte sich sofort an die Ermittlungsarbeit. Folgendes Tatschema lag vor: Die Geschädigte arbeitete in der Bezirkshauptstadt Erfurt. Von Weimar fuhren täglich Hunderte von Menschen zur Arbeit nach Erfurt und zurück. Die Bahnfahrt dauerte etwa eine halbe Stunde.

Anna F. kam an einem Abend mit dem Zug von der Bezirkshauptstadt in Weimar an. Es war gegen 19 Uhr und die junge Frau entschied sich, zu Fuß nach Hause zu gehen. Das einladende Wetter ließ diese Möglichkeit ja zu. Am Goetheplatz angekommen, also direkt im Stadtzentrum, wurde sie plötzlich von einem jungen Mann angesprochen. Er gab ihr zu verstehen, daß er sie nach Hause bringen wolle. Sie lehnte dankend ab. Anna F. konnte nicht ahnen, auf was für einen primitiven, aber eiskalten Verbrecher sie da gestoßen war. Sie setzte ihren Weg fort und bemerkte nicht, daß sie von diesem Mann verfolgt wurde. Er mußte sie gekannt haben.

Anna wohnte mit ihren Eltern in einer Straße, die von der Belvederer Allee rechts nach oben abging. In diesem Viertel gab es vordergründig Ein- oder Zweifamilienvillen mit herrlichen Anwesen, also ein sehr gutes Wohnviertel. Als Anna F. in die Belvederer Allee einbog, war es nach Hause nicht mehr weit.

Dieser Straßenzug besaß schon immer seine Eigenarten. Auf der linken Seite von Annas Wegrichtung befindet sich der Goethepark, der in der Dunkelheit etwas Unheimliches vermittelte. Rechterhand schlossen sich Grundstücke mit Gärten an, die aber teilweise nicht bewohnt waren, sondern von Institutionen benutzt wurden. Eine einsame Gegend, könnte man sagen.

Anna war inzwischen fast zu Hause angekommen. Als sie die Tür zum Grundstück öffnete und den Vorgartenbereich betrat, schlug der Täter zu. Heinrich M., ein brutaler Mann, packte die Geschädigte von hinten am Hals und riß sie zu Boden. Er vergewaltigte Anna, die sich nicht wehrte und auch nicht um Hilfe schrie. Vermutlich meinte sie, der Mann werde nach der Vergewaltigung schon von ihr ablassen und verschwinden, doch dann schien sie zu spüren, daß er ihr doch noch mehr antun würde. Mit aller Verzweiflung setzte sie sich nun zur Wehr. Das war ein tödlicher Fehler, denn ihre Gegenwehr war diesem Ungeheuer nicht gewachsen. Der Verbrecher stach fünfmal mit einem Messer auf sein Opfer ein, das dabei auch im Herzen getroffen wurde. Anna war auf der Stelle tot. Unter Mitnahme der Handtasche und eines Beutels der Ermordeten lief der Täter davon. Währenddessen saß die Mutter wenige Meter entfernt im Wohnzimmer und wartete auf die Heimkehr ihrer Tochter ...

Für uns Ermittler war der Raub von Anfang an nicht das eigentliche Tatmotiv. In der Nachbarschaft wurden die geplünderte Handtasche und der Beutel in einer Mülltonne gefunden. Am Tatort konnten viele Spuren gesichert werden. Die Palette reichte von Schuheindruckspuren im Erdreich bis hin zu Spermaspuren.

Schnell geriet der wegen sexueller Nötigung vorbestrafte Heinrich M. in unseren Blickpunkt. Die nach seiner begangenen Straftat gesicherten Spuren wurden mit denen am Tatort verglichen. Insbesondere bei der Überprüfung der Blutgruppe wurden Übereinstimmungen festgestellt. Die Auswertung der Personenbewegung ergab, daß der Täter in der Nähe des Goetheplatzes und der Belvederer Allee gesehen wurde.

Die Mutter der Ermordeten konnte den gewaltsamen Tod ihrer geliebten Tochter nicht verkraften. An diesen seelischen Schmerzen ist sie kurze Zeit später gestorben. Auch für diesen Tod war der Verbrecher, zumindest moralisch, verantwortlich. Es war nur folgerichtig, daß er zu einer lebenslangen Haftstrafe verurteilt wurde. Wegen geistiger Defizite wurde er später in den Bereich der geschlossenen Psychiatrie überführt.

Mehrere Jahre später wurde sein Bruder Hans M. ebenfalls als gefühlskalter Mörder ermittelt. In meinem Buch »Der Kopf in der Ilm« habe ich darüber geschrieben.

SASCHA HAT DIE NERVEN VERLOREN

In der zweiten Hälfte der 80er Jahre kam es im Bereich des Hubschrauberplatzes der GSSD in Nohra bei Weimar zu einem tragischen Vorfall. In Nohra waren unter anderem auch der Generalstab und die Spezialeinheiten der sowjetischen Truppen stationiert.

Beim Verdacht auf Straftaten und eventuelle Mitwirkung im allgemeinen Fahndungsbereich war eine gute Zusammenarbeit gesichert. Wenn interne Probleme anstanden, z. B. Fahnenflucht, versuchten die Sowjets, mit ihrer Militärstaatsanwaltschaft die Angelegenheiten selber zu klären. Führten ihre Maßnahmen nicht zum Erfolg, wandten sie sich mit einem Fahndungsersuchen an die deutsche Polizei.

Meinem Dezernatsleiter Fahndung wurde folgender Sachverhalt mitgeteilt:

Eine Kontrollgruppe, bestehend aus einem Offizier und zwei Soldaten, hatte die Aufgabe, nachts alle Wachposten des riesigen Objekts, oberhalb und unterhalb der jetzigen B7, zu kontrollieren. Es waren bereits einige Kontrollstellen »abgearbeitet«. Dort taten die Wachhabenden unbeanstandet ihre Pflicht.

Im Wachlokal direkt an der Hauptstraße aber brannte zwar ein schwaches Licht, vom Wachhabenden jedoch war nichts zu sehen. Er schlief und mußte von der Kontrollgruppe aufgeweckt werden. Augenblicklich erkannte er seine fatale Situation. Ihm war klar, daß er für das Wachvergehen hart bestraft werden würde. Ohne große Überlegung riß er seine MP Kalaschnikow hoch und durchsiebte den Offizier und die zwei Soldaten mittels Dauerfeuers. Alle drei waren sofort tot.

Da wurde Sascha mit einem Mal bewußt, was er angerichtet hatte. Unter Mitnahme seiner Waffe flüchtete er aus dem Wachlokal.

Von wem, wie und wann die Toten vorgefunden wurden, weiß ich nicht. Aber ein riesiger Aufwand an Fahndungsmaßnahmen stand uns nun bevor.

Wohin konnte Sascha geflüchtet sein?

Den mit der Führung der Suchtruppen beauftragten Oberst der Sowjets bat ich, zuerst die nähere Umgebung, d. h. das gesamte sowjetische Militärgelände, abzusuchen. Er erklärte mir, dies sei bereits geschehen. Daher ging die Suche in Richtung Bad Berka unter Einschluß der Wälder.

Wir hatten bereits alle möglichen Fluchtrichtungen abgesichert. Wegen der uns zu spät übermittelten Meldung mochte Sascha einen nicht zu unterschätzenden Vorsprung gewonnen haben. Die Absuche sollte in aller Ruhe und Akribie erfolgen. Das war der erste Fehler.

Mit lautem Befehlston wurden die Suchkräfte dirigiert. Die Panzerspähwagen knatterten durch die Gegend. Der Dezernatsleiter bezweifelte, ob das Militärareal gründlich abgesucht worden sei, und forderte seine sowjetischen Ansprechpartner auf, noch einmal die nähere Umgebung des Tatortes zu kontrollieren.

Zunächst lehnte man dies ab. Der zweite Fehler.

Unserem ständigen Drängen endlich nachgebend, durchstreifte eine Gruppe sowjetischer Soldaten unter anderem das Waldgebiet um den Schießplatz. Sie hatte schließlich Erfolg. In einem Erdloch lag Sascha. Er hatte sich selbst erschossen. Auf einem beiliegenden Zettel stand: »Sascha hat die Nerven verloren.«

Welch eine Tragödie: Vier Menschen verloren völlig sinnlos fern der Heimat ihr Leben. Nicht nur die kontrollierenden Militärangehörigen waren zu bedauern, auch der sinnlose Tod von Sascha war tragisch. Sascha galt für die Militärführung juristisch als Verbrecher. Doch niemand ging auf die Ursache ein, die die panische Angst bei Sascha auslösten, als er beim Schlafen im Wachlokal ertappt wurde.

DAS KIND MIT DEN WACHSAUGEN

Im September 1989 ereignete sich in einem Vorort von Erfurt ein furchtbarer Mord. Er zählte zu den letzten Tötungsverbrechen, die unter meiner Verantwortung zur Aufklärung gebracht wurden.

Die Meldung des ABV lautete: Ein neunjähriger Junge des Ortes N. wird vermißt. Neben den Fahndern wurden auch Mitarbeiter der MUK zum Einsatz gebracht. Der Junge war noch nie von zu Hause weggelaufen. Seine Freunde konnten keine Hinweise geben, sagten aber aus, daß sie immer in einer Hausruine, die sich mitten im Ort befand, spielten. Es kann ein Backsteinbau gewesen sein, der früher als Gemeindehaus fungierte. In Windeseile begaben sich die Suchkräfte zu diesem Gebäude und durchsuchten es.

Plötzlich schrie ein Polizist laut auf. In einem Raum lag der vermißte Junge auf dem Boden. Der Kleine war, wie später die Gerichtsmedizin feststellte, erwürgt worden. Uns bot sich nun ein weiterer grauenvoller Anblick.

Die Augen, die Mundhöhle sowie die Nasenöffnungen des Kindes waren mit Kerzenwachs ausgefüllt worden. Reste von Kerzen und abgebrannten Streichhölzern lagen verstreut am Boden. Dieses Schreckensbild werden wir niemals vergessen.

Aber wer war zu einer solchen Tat fähig?
Eine sexuelle Handlung lag zumindest nicht vor.

Es war nicht einfach, den Eltern des toten Jungen die grausame Nachricht zu überbringen. Sorge um die Sicherheit seiner Kinder erfaßte den kleinen Ort. Ich war mir natürlich darüber im klaren, daß nur die schnelle Aufklärung die Situation entspannen könnte.

In der Nachbarschaft des getöteten Jungen wohnte eine Familie, die mehrere Kinder hatte. Darunter war auch ein Sohn im jugendlichen Alter, der, wie man so sagt, »geistig etwas zurückgeblieben« war. Er war anderen Kindern Objekt für Spott, Hänseleien und zum Teil kleineren Tätlichkeiten. Immer wieder wurde er besonders von einer bestimmten Gruppe von Jungen geärgert und verspottet. Unter diesen Burschen befand sich auch das spätere Opfer.

In den Nachmittagsstunden des Tattages traf Herbert U. das Opfer im Bereich des Tatorts allein an. In Herberts Kopf reifte der Entschluß, sich an diesem Jungen für alle Demütigungen und Verspottungen zu rächen. Seine mangelnden geistigen Fähigkeiten ließen es nicht zu, rational zu entscheiden.

Er zerrte den kleinen Jungen in die Innenräume der Ruine. Voller Wut begann er, ihn zu würgen. Herbert U. schien jedoch seine Kraft zu unterschätzen. Als der Kleine dann tot vor ihm lag, erfaßte ihn die Angst, und er wollte überprüfen, ob er noch lebe. Wahrscheinlich bereute er seine Tat.

Er sah die im Raum herumliegenden, bereits benutzten Kerzen, holte die mitgeführte Streichholzschachtel aus der Hosentasche und zündete eine der Kerzen an. Dann ließ er das heiße Wachs in die Mundhöhle tropfen. Das Opfer regte sich nicht.

Er füllte die Augenhöhlen und die Nasenlöcher ebenfalls mit Wachs aus. Doch auch jetzt blieb der Kleine reglos.

Da war ihm klar: er hatte etwas Fürchterliches angestellt. Er ließ alles stehen und liegen und flüchtete Hals über Kopf vom Tatort.

Die Ermittler kamen ihm sehr schnell auf die Spur. Bereits seine Körpersprache während der Vernehmung verriet ihn als Tatverdächtigen. Schuhab- und Eindruckspuren

und Reste von Wachs auf seinem Pullover hatten ihn zweifelsfrei als Täter überführt. Reumütig legte er ein Geständnis ab.
Wie soll man einen solchen Jugendlichen bestrafen? Ich weiß es nicht.

Der rote Peugeot

Wenn in den 80er Jahren in einer Ratesendung nach in der DDR bekannten PKW-Typen gefragt worden wäre, wäre die Auswahl nicht sonderlich groß gewesen: Trabant, Wartburg, Lada, Skoda, Wolga, Moskwitsch wären die Favoriten gewesen. Die Menschen aus den neuen Bundesländern hätten da schon unter einer größeren Auswahl entscheiden müssen. Aber Anfang der 80er Jahre gab es plötzlich auch auf dem Gebiet der DDR ein Novum. So wurde in Leipzig ein freier Automarkt eröffnet, auf dem auch sogenannte »Westautos« angeboten wurden. Das war natürlich für DDR-Bürger mit dem nötigen »Kleingeld« ein sehr begehrter Markt. Es gab aber auch die Möglichkeit, durch Erbschaften über die »Genex-Gesellschaft« Fahrzeuge westlichen Fabrikats zu bekommen. Für viele Menschen eröffnete sich die Möglichkeit, einen solchen »Schlitten« käuflich zu erwerben. Über die Preise konnte man verhandeln. Diebstahl, Betrügereien und Verdeckung von Mängeln waren vorprogrammiert.

Eines Tages machte sich ein Fleischermeister aus Sachsen mit seinem roten Peugeot auf den Weg nach Leipzig. Er hoffte auf Käufer, die für den bereits in die Jahre gekommenen Wagen eine stolze Summe hinblätterten. Dann erschien offensichtlich der Richtige. Er war smart gekleidet, besaß gute Umgangsformen und gab sich als Thüringer Geschäftsmann aus. Man wurde sich schnell einig.

Carl H. aus Erfurt machte Kurt M. ein sehr gutes Angebot, bat aber um eine Probefahrt. Kurt stimmte auf Grund des in Aussicht stehenden guten Geschäftes zu. Die Fahrt ging in Richtung Hermsdorfer Kreuz. Der Besitzer des Peugeot fuhr den Wagen. Während der Fahrt äußerte Carl H.

den Wunsch, selbst auch einmal fahren zu wollen, worauf Kurt M. den nächsten Parkplatz ansteuerte. Hier stiegen beide Männer aus. Kurt M. steuerte zuerst einmal ein Gebüsch an, um seine Notdurft zu verrichten. Carl öffnete unterdessen neugierig den Kofferraum. Neben einigen Fahrzeugersatzteilen erblickte er dort unter anderem einen langen eisernen Fleischspieß, den der Fleischer vergessen hatte, aus dem Wagen zu räumen.

Schon bei der Abfahrt in Leipzig war bei Carl H. der Gedanke gereift, den Fleischermeister zu ermorden, um nichts für das Auto bezahlen zu müssen. Als Kurt M. zum Auto zurückkehrte, nutzte Carl H. seine Chance und stach ihn mit dem Spieß nieder. Da sie sich allein auf dem kleinen Parkplatz befanden, gab es keine Augenzeugen. Carl H. hob sein Opfer hoch und warf es in den Kofferraum. Dann fuhr er weiter in Richtung Erfurt.

Nun überlegte er, wo er die Leiche verstecken könne. Kurz vor Jena steuerte er einen verlassenen Parkplatz an und sah nochmals nach dem Toten im Kofferraum. Doch wie groß war sein Entsetzen, als er bemerkte, daß sein Opfer noch lebte. Carl H. ergriff erneut den Fleischspieß und stach dem Fleischermeister abermals mit voller Kraft in die Brust. Diesmal war der Stoß tödlich.

Am späten Nachmittag erreichte der Mörder Erfurt. Das Wetter war regnerisch und lud nicht gerade zu Spaziergängen ein. Carl H. kam auf den Gedanken, die Leiche im Forstbereich Bienstedter Warthe vor den Toren Erfurts in Richtung Gierstädt verschwinden zu lassen. Wo sich sonst relativ viele Leute aufhielten, wagte sich bei diesem Wetter niemand dorthin.

Dieses Gebiet wurde oft von Liebespaaren aufgesucht, und wo sich diese aufhalten, sind auch häufig sogenannte »Spanner« unterwegs, die sich beim Anblick sexueller

Handlungen selbst befriedigten. Diesmal war niemand zu sehen. Der Mörder war sich seiner Sache also völlig sicher.

Er fuhr mit dem Auto auf einem Waldweg bis zu einer Stelle, wo dichtes Unterholz und Gestrüpp wuchsen. Carl H. stellte den Motor ab und stieg aus. Er öffnete vorsichtig den Kofferraum. Nachdem er sich noch einmal vergewissert hatte, daß ihn keiner beobachtete, hob er den Toten aus dem Auto und trug die Leiche in den Wald hinein zu einem dichten Buschwerk. Mit den Händen schob er Laub und kleine Äste beiseite und schuf sich eine flache Bodendelle. Dann rollte er die Leiche hinein und bedeckte sie mit Laub und Ästen. Nach kurzer Zeit war er fertig und ging zum Auto zurück. Den Fleischspieß hatte er schon während der Fahrt nach Erfurt entsorgt. Mit seinem angeblich gekauften Peugeot fuhr er ins Erfurter Stadtgebiet zurück.

Wenn Förster und Jäger sich im Wald bewegen, um das Wild zu beobachten, sind sie sehr leise und wachsam und gehen nach dem Grundsatz der Observation vor: »Alles sehen und wahrnehmen, aber nicht gesehen und wahrgenommen werden.«

Der Jäger Fred E. aus der hiesigen Jagdgesellschaft befand sich im Bereich des Verbringungsortes der Leiche. Plötzlich hörte er im Wald das Motorgeräusch eines Autos. Als er aus seiner meisterhaften Deckung heraus das Fahrzeug erblickte, war er ziemlich überrascht. Ein »Westauto«, ein roter Peugeot, fuhr über den rutschigen Waldweg.

Wo kam der denn her? Und was wollte der Fahrer dort?

Diese und andere Fragen schossen Fred E. durch den Kopf. Er sah, wie der recht gut gekleidete Mann etwas aus dem Kofferraum hob und damit im Wald verschwand.

Die Entfernung ließ es nicht zu, nähere Details zu erfassen. Nach wenigen Minuten stand der Fahrer wieder auf dem Waldweg, säuberte seine Hände mit einem Lappen, stieg in den Peugeot und fuhr mit hohem Tempo in Richtung Erfurt davon.

Vorsichtig näherte sich Fred E. der Stelle, wo der PKW gestanden hatte. Eindeutig waren Reifeneindrucksspuren vorhanden. Langsam schlich der Jäger in den Wald. Er ging davon aus, daß dieser unbekannte Mann vielleicht einen toten Hund oder ein anderes Tier vergraben habe. Für ihn, der den Wald wie seine Westentasche kannte, war es nicht schwer, die Stelle der Verbringung zu finden.

Vorsichtig entfernte er das Laub und die kleinen Zweige von der verdächtigen Stelle. Dann wich er entsetzt zurück. Ein menschliches Bein mit Strumpf und Schuh kam zum Vorschein. Er lief sofort zu seinem Wagen und fuhr nach Erfurt, um die Polizei zu verständigen. Vom Volkspolizeikreisamt kamen Kräfte zum Einsatz, und fast gleichzeitig waren die Männer der MUK sowie Spezialisten der Kriminaltechnik am Tatort.

Der Fundort der Leiche wurde weiträumig abgesichert. Es gilt immer der Grundsatz: alle Spuren finden und fachgerecht sichern.

Sind Spuren z. B. durch Witterungseinflüsse gefährdet?

Sind sie gegen Vernichtung oder Abänderung abzusichern?

Man hat nicht alle Tage das Glück, einen Zeugen zu haben, der so viele Hinweise zum Täter geben konnte. Üblicherweise wird am häufigsten die Tatort- oder Fundortarbeit usw. von außen nach innen durchgeführt, um selbst keine Spuren zu hinterlassen, die als Trugspuren in Erscheinung treten könnten.

Der Weg des Kriminaltechnikers und des Arztes wurde genau markiert. Letzterer konnte nur noch den Exitus des vorgefundenen Mannes feststellen. Die genaueren Umstände wie Todesursache, Eintritt des Todes usw. mußte die Gerichtsmedizin klären.

Als wichtigste Aufgabe für die Täterermittlung wurden sofort Fahndungsmaßnahmen nach dem roten Peugeot eingeleitet – wie auch anhand der Personen- und Bekleidungsbeschreibung nach dem mutmaßlichen Täter. Der Zeuge konnte keine Angaben zum polizeilichen Kennzeichen machen. Aber das Fahrzeug war so auffallend, daß die Hoffnung bestand, es bald zu finden. Als erstes sollte die Stadt Erfurt flächendeckend überprüft werden.

Im Wald an der Bienstedter Warthe verrichteten die Spezialisten und die mit Sichtungsaufgaben betrauten Kriminalisten und Polizisten routinemäßig ihre Arbeit. Es wurden alle möglichen Spuren gesichert. So mußten z. B. die Reifeneindruckspuren ausgetrocknet werden, um sie danach zu fotografieren und mit Gipsabdrücken zu sichern. Die Spanne des Radstandes, Profil- und Reifenbreite bestätigten, daß es sich um einen Peugeot handeln könne. Jeder abgeknickte Zweig wurde untersucht und auch Bodenproben genommen. Hinweise, wo dieses Fahrzeug eventuell gestohlen worden sein konnte, lagen noch nicht vor. Alle Grenzübergänge zur BRD, nach Polen und der Tschechoslowakei waren einbezogen. Es wurden mehrere Kontrollpunkte eingerichtet, darunter einer auf der Straße in Richtung Bienstedter Warthe.

Zu Hilfe kam uns eine alte kriminalistische Weisheit: Der Täter kehrt häufig zum Tatort zurück. Wie sich später herausstellte, wollte der Mörder gegen 17 Uhr nochmals zum Tatort fahren, um zu überprüfen, ob er alles richtig gemacht habe. Er entdeckte unsere Kontrollstelle, drehte auf der Straße um und fuhr wieder nach Erfurt zurück.

Unter anderem war die OFG (Operative Fahndungsgruppe) im Dauereinsatz. Diese Gruppe von Kriminalisten verfügte über einen zivilen PKW »Wartburg«. Sie entdeckten einen roten Peugeot in einer Straße in einem Neubaugebiet und übernahmen die Observation. Die Räder des Autos und die Karosse wiesen Verschmutzungen auf, die auf eine Fahrt in einem unbefestigten Gelände hindeuteten. Bis zu den Scheiben reichten die Dreckspritzer.

Gegen sechs Uhr am nächsten Morgen erschien plötzlich eine Frau mit einem Wassereimer und wollte die Scheiben des Peugeot waschen. Schnell griffen die Observanten zu. Bei der Frau handelte es sich um die Freundin von Carl H., der in der Wohnung festgenommen wurde.

Anstatt in den Peugeot mußte er in einen normalen Wartburg einsteigen, der erst im Hof der Polizeidienststelle haltmachte. Glatt wie ein Aal, versuchte er sich aus dieser Situation herauszuwinden. Lüge auf Lüge folgte. Niemals wollte er mit diesem Auto an der Bienstedter Warthe gewesen sein. Von einer Leiche wisse er nichts. Trotz seiner eifrigen Versuche, alle Spuren zu beseitigen, konnten die Kriminaltechniker Blutspuren im Kofferraum sichern. Aus dem Vergleich ergab sich die Identität des Opfers.

Von seinen Schuhsohlen konnten Bodenhaftungen gesichert werden, wie sie am Verbringungsort vorhanden waren. Das Alibi für die Zeit, in der die Leiche verbracht wurde, gab ihm lediglich seine Freundin, die bis dato auch nicht wegen allzu großer Ehrlichkeit und Glaubwürdigkeit aufgefallen war. Es blieb nur noch eines übrig: ein umfassendes Geständnis abzulegen. Angeblich habe Kurt M. ihn beim Preis für den Wagen »übers Ohr hauen« wollen. Dadurch gerieten sie in Streit, und es kam zu Tätlichkeiten. Dann habe er mit dem Spieß zugestochen.

In der Zwischenzeit wurde der Fleischermeister aus Dresden bereits vermißt. Alles fügte sich zu einem Ganzen zusammen. Carl H. korrigierte seine Aussagen noch einmal.

Als er mit dem Eigentümer des Peugeot handelseinig wurde, bestand bei ihm bereits der Plan, diesen Mann zu töten. Planmäßig und hinterhältig ging er vor. Habgier war eines seiner Motive. Das Gericht konnte nur ein Urteil fällen: lebenslängliche Haft.

Es könnte 1989 oder 1990 gewesen sein, als Carl H. vorzeitig entlassen wurde. Die Gründe sind mir nicht bekannt, aber seine gute Führung könnte dabei eine Rolle gespielt haben, oder aber die letzte Amnestie der DDR? Der smarte, gutaussehende und geschäftstüchtige Mann nutzte die sich nach der Wende eröffnenden neuen Geschäftsfelder, wie die Betreibung von Bordellen ...

BEWEISSTÜCK PORNOFILM

Am 26. Juni 2011 schockierte eine furchtbare Tat nicht nur Zella-Mehlis, sondern ganz Thüringen. Wanderer fanden die Leiche der kleinen Mary-Jane in einem Wald an einem Bach unterhalb des Ruppberges. Das Kind war am Vortag, einem Freitag, nicht mehr aus der Schule heimgekehrt. Die Mutter verständigte sofort die Polizei, umgehend eingeleitete Suchmaßnahmen blieben erfolglos. Nachdem man die Leiche der Siebenjährigen untersucht hatte, stellten die Experten schnell fest, daß an dem Kind ein Gewaltverbrechen verübt worden war. Dank der guten Arbeit der Polizei konnte der vorbestrafte Täter Tino L., ein Bekannter der Mutter, schnell ermittelt werden.

Die »Thüringer Allgemeine« veröffentlichte im Juni und Juli 2011 umfangreiche Beiträge zu diesem furchtbaren Mordfall. Auf einer ganzen Spalte und in einem speziellen Artikel ging die Zeitung auch auf bisher begangene und ungesühnte Morde an Kindern ein.

Die Chronik der Kindesmorde liest sich erschreckend! Bereits im Fall »Das Baby auf der Müllkippe« habe ich auf die dramatische Zunahme von Morden an Neugeborenen nach der Wende hingewiesen. Gleiches läßt sich leider auch bei den Morden an Kindern feststellen. Dennoch haben wir es mit zwei unterschiedlichen Tätergruppen zu tun. Stehen bei den Tötungen von Neugeborenen zumeist die Mütter hinter der Anklagebank, sind die gefaßten Kindesmörder größtenteils Sexualstraftäter mit extrem niedriger Hemmschwelle. Wie das Absinken der Hemmschwelle nach und nach zunimmt, zeigt der folgende Fall in erschreckendem Ausmaß.

Anfang 1990 wurde die etwa neun- bis zehnjährige Bettina C. von ihren Eltern als vermißt gemeldet. Die Familie wohnte in einer der etwas größeren Städte Thüringens. Der Vater des Mädchens, Ingo C., versuchte zwar, für seine Familie zu sorgen, aber seine stetige Labilität ließen die oft gefaßten guten Vorsätze schnell wieder ins Wanken geraten. Auch die Mutter des Kindes verfügte nicht über die notwendige Kraft, den Kindern immer ein intaktes Elternhaus zu bieten. Ständig kam Ingo C. auf die eine oder andere Weise mit dem Gesetz in Konflikt.

Es kam, wie es kommen mußte: Ingo wurde verurteilt und erhielt eine Freiheitsstrafe. Die Familie hielt auch weiterhin Kontakt zum Vater und besuchte ihn regelmäßig. Und wieder einmal nahm sich Ingo C. vor, wenn er draußen sei, mache er alles besser.

Aber noch saß er im Gefängnis und teilte sich die Zelle mit dem etwa 30jährigen Häftling Hans-Werner K. Dieser Mann saß wegen sexuellen Mißbrauchs von Frauen und Kindern ein und verfügte schon über mancherlei Hafterfahrungen. Natürlich hielt er mit diesen »Erfahrungen« nicht hinter dem Berg, sondern gab sie bereitwillig weiter, um seinem Zellenkumpel das Einleben und Verhalten im Vollzug zu erleichtern.

Sicherlich bleibt es nicht aus, daß man sich fast alles erzählt, wenn man längere Zeit auf engstem Raum zusammenlebt. Besonders die Familien spielen dabei eine große Rolle. Natürlich werden auch aufgrund langer Abstinenz sexuelle Phantasien ausgetauscht.

Nach einiger Zeit betrachteten sich die Männer als unzertrennliche Kumpels, und man gab sich das gegenseitige Versprechen, sich in der Freiheit unbedingt wiederzusehen.

Ingo C. war der erste, der freigelassen wurde. Das geschah Anfang 1990, und wir alle wissen, welche unglaublichen gesellschaftlichen Veränderungen sich vollzogen hatten.

So natürlich auch in seiner Heimatstadt. Die dort stationierten sowjetischen Truppen waren zum Teil schon abgezogen, die Geschäfte waren mit Waren gefüllt, von denen er nicht zu träumen gewagt hätte.

Ingo C. versuchte, in diesem verlockenden Leben wieder Fuß zu fassen, was natürlich sehr schwer war. Eigentlich wollte er den Gefängnisaufenthalt so schnell wie möglich vergessen. Aber siehe da, Anfang des Sommers stand Hans-Werner K. vor seiner Haustür. Ingo C. mußte sich an sein Versprechen erinnern. Mit einem Kasten Bier und einigen Schnäpsen wurde dann ein feuchtfröhliches Wiedersehen gefeiert, an dem auch die Ehefrau teilnahm. Hier muß erwähnt werden, daß sie ebenso wie ihr Mann keinerlei Skrupel empfand, mit einem Sexualstraftäter zusammenzusitzen.

Viele Menschen waren sehr glücklich, endlich einmal in einem wiedervereinigten Deutschland leben zu dürfen, und knüpften große Erwartungen an das weitere Leben. Doch nicht wenige mußten auch erleben, wie steinig der Weg in der Realität war. Zusammenbrüche der Betriebe, damit verbundene Arbeitslosigkeit, die völlige Neustrukturierung eines jeden Lebens brachte teilweise schwere Situationen und Sorgen mit sich.

Ingo C. vergaß unter dem Einfluß von Hans-Werner K. schnell seine guten Vorsätze, und beide beschlossen, unter Ausnutzung des Staates ein in ihrem Sinne angenehmes Leben zu führen. Dazu gehörten die Droge Alkohol und eine ganz neue, plötzlich frei zu erwerbende Sache – nämlich Pornofilme.

Während Ingo C. nach dem Konsum dieser Filme seine sexuellen Wünsche bei seiner Frau Edith ausleben konnte, mangelte es Hans-Werner K. an geeigneten »Damen«.

Wieder einmal war Pornostunde angesagt, und die kleine Bettina, Ingos Tochter, betrat die Wohnstube. In diesem Moment reifte im Kopf des Sexualstraftäters ein schrecklicher Gedanke.

Aus vielen Gesprächen mit Ingo C. wußte er, daß Bettina eine kleine Wasserratte war. Nichts lockte sie mehr, als baden zu gehen. Also paßte Hans-Werner K. einen geeigneten Augenblick ab, in dem er mit dem Mädchen allein war, und versprach ihm: »Wir gehen ganz alleine heute nachmittag in den nahe gelegenen Baggersee schwimmen.« Dies sei ein Geheimnis und sie dürfe es niemandem sagen!

Das Kind war glücklich, denn in der Familie nahm man sich kaum die Zeit, um mit ihr baden zu gehen. So wahrte sie das Geheimnis und verschwand an diesem Nachmittag zum »Spielen«.

Der Familie war es im Grunde egal, ob das Kind pünktlich heimkam, aber als es immer dunkler wurde, machte man sich doch Gedanken und informierte letztendlich die Polizei.

Wenn Kinder unbegründet nicht nach Hause kamen, klingelten bei uns alle Alarmglocken. Ich setzte sofort die Fahndung an, und der dienstleistende MUK-Leiter wurde informiert. Zuerst wurden die Spielgefährten des Mädchens befragt, die aber alle verneinten, mit ihr gespielt oder sie überhaupt gesehen zu haben. Auch Hans-Werner K. wurde im Zuge der Suche nach ihr befragt, da er zu den Personen gehörte, die die Vermißte zuletzt gesehen hatte.

Er sagte aus, daß er Bettina zum Baden eingeladen habe, aber sie habe nicht mitgewollt, weil sie schon anderes vorhatte. Vorerst erbrachten die Suchmaßnahmen keinen Erfolg. Das Kind blieb trotz Einbeziehung der breiten Öffentlichkeit verschwunden. Nun übernahm die Mordkommission den Fall, da sich der Verdacht eines Verbrechens nicht mehr ausschließen ließ.

Knapp eine Woche später – es war ein heißer Tag, und viele Menschen eilten zum Hauptfriedhof, um in den Morgenstunden die Blumen auf den Gräbern ihrer Lieben noch einmal tüchtig zu gießen – zwängte sich ein Ehepaar mit vollen Kannen durch die engen Gräberreihen und machte eine furchtbare Entdeckung. Sie fanden die brutal erschlagene und mißhandelte Leiche eines Kindes vor, dessen Schädeldecke, wie das spätere gerichtsmedizinische Gutachten ergeben sollte, gewaltsam mit der Faust zertrümmert worden war. Außerdem war das Mädchen auf schwerste Weise sexuell mißbraucht worden. Es gab mehrere Tätervisionen, aber eine war heiß – Hans-Werner K.!

Nach Befragung der Eltern wurde sehr schnell klar, daß Hans-Werner K. nicht nur einen Antrittsbesuch bei der Familie C. gemacht hatte, sondern öfter Gast bei der Familie gewesen war und man sich manchmal auch gemeinsam Pornofilme angesehen hatte. Der Vater glaubte zwar einerseits an die Unschuld seines Knastfreundes, konnte sich aber andererseits nicht vorstellen, daß Bettina den Besuch des Baggersees abgelehnt hätte.

Nun nahmen sich unsere Ermittler den Inhalt des Pornofilmes vor und machten eine überraschende Feststellung, die ich hier aber nicht im Detail wiedergeben will. Es gab keinen Zweifel, daß der Täter den Film gesehen haben mußte. Der rekonstruierte Tathergang des sexuellen Mißbrauchs entsprach genau dem Film. Nun gab es zwei Verdächtige, die gemeinsam den Film gesehen und mit Bettina C. zu tun hatten: der Kindesvater und dessen Freund Hans-Werner K.

Der Kindesvater aber hatte ein waschechtes Alibi. Hans-Werner K. dagegen konnte den Nachmittag des Verschwindens von Bettina C. nur mit vagen Zeitangaben und ohne Zeugenaussagen dazu füllen. Folgerichtig wurde Hans-

Werner K. zur Vernehmung vorgeführt und der Pornofilm sichergestellt. Als auch der Staatsanwalt davon überzeugt war, daß er der Mörder war, erwirkte er einen Haftbefehl. Zuerst leugnete Hans-Werner K. hartnäckig, aber den stundenlangen Vernehmungen und der Hitze war er dann doch nicht gewachsen. Er verstrickte sich in Widersprüche und legte schließlich ein umfassendes Geständnis ab.

So gab er zu, daß er das Filmerlebnis nachvollziehen wollte. Er lockte also das Kind unter dem Versprechen, baden zu gehen, aus dem Haus. Um den Weg angeblich abzukürzen, führte er es auf das Friedhofsgelände. In einem besonders abgelegenen Bereich schlug er das Kind bewußtlos und führte verschiedenste sexuelle Handlungen aus, die er im Film gesehen hatte. Es war ihm klar, daß er nun das Kind als Zeugen seiner Tat töten müsse.

Das Täterwissen, die beweisfähigen Spuren und der bei Gericht als Beweismittel zugelassene Pornofilm erklärten Hans-Werner K. eindeutig zum Mörder des Kindes Bettina C. Um den Tathergang genau rekonstruieren zu können, wurde eine große Puppe mit ähnlicher Kleidung angezogen, wie Bettina C. sie am Tattag getragen hatte. Wir forderten Hans-Werner K. auf, den Tatverlauf an dieser Puppe zu demonstrieren. Auch für hartgesottene Ermittler war es schwer zu ertragen, die grausame Rekonstruktion mit ansehen zu müssen.

Ingo C. und seine Ehefrau mußten erkennen, daß sie durch ihr unverantwortliches Handeln den Mörder ihres Kindes selber in ihr Leben eingeladen hatten. Ich hoffe sehr, daß der Verlust ihres Kindes sie so weit sensibilisiert hat, daß sie sich ihre Freunde zukünftig genauer ansehen. Hans-Werner K. erhielt lebenslänglich.

FRAGEN AN KLAUS DALSKI

Wie bereits im ersten Band, beantwortet Klaus Dalski an dieser Stelle oft an ihn gestellte Fragen.

1. Was haben Sie nach 1990 gemacht?

Den Vorruhestand habe ich nur kurze Zeit in Anspruch genommen. Auf Empfehlung einiger Berater aus Bayern nahm ich am Bildungszentrum für Sicherheit in der Wirtschaft eine Tätigkeit als Dozent in den Fächern »Ermittlungsdienste« und »Psychologie« sowie später in den »Grundlagen des Straf- und Prozeßrechtes« auf. Meine auszubildende Klientel waren Mitarbeiter privater Sicherheitsdienste wie z. B. für den Objektschutz, Geld- und Werttransport, detektivische Arbeiten, Empfangsdienste, Veranstaltungssicherheitsdienste. Für diese Fächer wurden von mir Lehrbriefe erarbeitet. Ich wurde Schulleiter der Filiale in Erfurt.

Bis zu meinem 70. Lebensjahr war ich Vorsitzender eines Prüfungsausschusses der Industrie- und Handelskammer. Mehrere Jahre arbeitete ich im Vorstand des Verbandes für Sicherheit in der Wirtschaft Thüringens mit.

2. Würden Sie gern als Richter oder Staatsanwalt arbeiten?

Nein, ich glaube nicht. Respektvoll bewerte ich die Tätigkeit der Gerichte. Sie haben sich an die Gesetze, die von der legislativen Gewalt unseres Staates vorgegeben sind, zu halten. Ob es nun der Bundestag oder der Bundesrat sind, die die Gesetze beschlossen haben, sie handeln im Auftrag der Mehrheit der Bevölkerung.

Ob Richter oder Staatsanwalt – sie haben bei ihrer Anklage oder Urteilsverkündung die Rechtsnormen zu beachten. Ihnen stehen Beweismittel (sachliche und personelle) zur Verfügung. Geschriebene Zeugen- und Beschuldigtenvernehmungen geben niemals die emotionalen Wirkungen, denen die Kriminalisten ausgesetzt sind, wieder. Bei Kindesmord und sexuellem Mißbrauch möchte ich kein Richter sein. »Im Namen des Volkes« wird das Urteil verkündet! Ist das Volk immer damit einverstanden?

3. Welche Rolle spielten Frauen als Mitarbeiterinnen in der Kriminalpolizei der DDR?

Ich muß sagen, daß wir damals in der K im operativen Dienst nur wenige Mitarbeiterinnen hatten. Zum Beispiel waren in der Kripo Weimar bis 1975 nur drei Frauen im untersuchenden Bereich tätig.

In anderen administrativen Dienstzweigen wie Paß- und Meldedienst oder Verkehrspolizei waren wesentlich mehr Frauen eingesetzt.

Die an die Kriminalisten gestellten hohen Anforderungen im psychischen und physischen Bereich traute man den Frauen nicht so sehr zu. Natürlich spielten auch die unregelmäßigen Dienstzeiten eine nicht zu unterschätzende Rolle.

Die Frauen sollten die Möglichkeit haben, sich um die familiären Belange, insbesondere die der Kinder, zu kümmern. Daher war der größte Teil der Mitarbeiterinnen schon etwas älter.

Erst später änderte sich das Bild. Immer mehr wurde erkannt, daß in besonderen Gebieten der Kriminalitätsbekämpfung Frauen erfolgreich waren. Das traf z. B. bei der Vorbeugung und Bekämpfung der Jugendkriminalität wie auch in der Bearbeitung von Sittendelikten zu.

Heute stehen Polizistinnen im operativen Dienst im wahrsten Sinne des Wortes »ihre Frau«.

4. Gab es zu Ihrer Zeit in der Kriminalpolizei Psychologen zur Betreuung von Polizisten?

Es existierte zwar eine gutfunktionierende und fachkompetente medizinische Versorgung, aber nicht speziell im psychologischen Bereich. Die Dienstvorgesetzten hatten weitgehend diese Aufgabe zu erfüllen.

Ich selbst schätzte ständig den Zustand der Mitarbeiter ein. Regelmäßig mußten die Leiter Attestationen zu jedem Kriminalisten anfertigen. Dabei wurde auch die Qualifikation und Qualität der Vorgesetzten sichtbar. Oft wurden allgemeine Floskeln wie »er ist physisch und psychisch hoch belastbar« formuliert. Wichtig war aber, daß das private Umfeld stimmte. Die Familie wurde immer dahingehend bewertet, ob sie ein gutes, festes »Hinterland« für den Kriminalisten darstellte. Sorgenfrei sollte der Mitarbeiter schon sein, um seine verantwortungsvolle Arbeit leisten zu können.

Untereinander haben wir uns geholfen, besonders in kritischen Situationen. Wenn ich heute sogenannte Krimis sehe, wo sich die Kriminalisten nur mit Nachnamen anreden oder gegenseitig mobben, geht mir der »Hut« hoch, obwohl ich nie einen getragen habe.

5. Waren noch andere Dienstzweige der Volkspolizei an der Tatortarbeit beteiligt?

Ja, natürlich! Die Brandursachenermittler der Feuerwehr haben wertvolle Aufklärungsarbeit bei der Bearbeitung von Branddelikten geleistet. Auch die Mitarbeiter der Verkehrspolizei mußten ihr ganzes Können zur Klärung der Ursachen für Verkehrsunfälle leisten. Die Schutzpolizei übernahm in vielen Fällen die erforderliche Unterstützung bei den Sofortmaßnahmen.
Eine besondere Gruppe bildeten die ABV (Abschnittsbevollmächtigten). Sie mußten einfache, unkomplizierte Verfahren selbständig bearbeiten.
Zur Tatortarbeit erhielten alle ABV ein sogenanntes »Einsatzbesteck«. Dabei handelte es sich um eine kleine Ledertasche (DIN-A5-Größe), in der die grundlegenden Mittel zur Tatortarbeit enthalten waren (Schere, Bandmaß, Lupe, Pinsel zur Sichtbarmachung von Fingerspuren, Rußpulver, Zange, Schraubendreher, Folie für Sicherungen von Fingerabdrücken etc.). Nach vielleicht zwei Jahren konnte eingeschätzt werden, daß sich die Tatortarbeit durch die ABV nicht verbessert hatte. Die Geldausgabe für die »Einsatzbestecke« war unrentabel. Die Taschen wurden wieder eingezogen. Nur wenige ABV hatten sie aber zweckmäßig benutzt. Bei vielen fehlten die Schere, das Maßband und die Lupe. Alle anderen Utensilien waren unbenutzt. Die Frage war einfach: Wer brauchte Schere, Bandmaß und Lupe? Etwa die Ehefrauen?

6. Wie war die körperliche Ausbildung der Kriminalisten organisiert?

Ich selbst war Leistungssportler und habe bis zu meinem 50. Geburtstag meine Mitarbeiter selbst ausgebildet. Natürlich ist der Mensch so strukturiert, daß er einen bequemen Weg einschlägt. Ich habe besonderen Wert auf die körperliche Ertüchtigung gelegt, die an die Leistungsgrenzen der Mitarbeiter ging. Wichtig war, daß ich alle geforderten Übungen vorgemacht habe. Ballspiele übernahmen eine wichtige Rolle. Hier war die freudbetonte Bewegung gefragt und wurde auch angenommen.

Der alte Turnvater Jahn sagte einmal: »In einem gesunden Körper wohnt ein gesunder Geist.« Das überzeugte natürlich auch bestimmte Zweifler.

Ich besitze keine Kenntnis, wie es heute um den »Dienstsport« bestellt ist, aber viel davon habe ich nicht gehört. Das trifft natürlich nicht auf Spezialeinsatzkommandos zu.

7. Da ich Klaus Dalski mittlerweile zu meinen Freunden rechnen darf, stelle ich hier eine ganz persönliche Frage: Würdest du meinem Sohn empfehlen, in der heutigen Zeit zur Polizei zu gehen?

Die Frage ist nicht ganz einfach zu beantworten. Ich weiß, daß dein Junge erst acht Jahre alt ist. Die Berufswünsche können sich noch wesentlich verändern. Aber er hat großes Interesse daran, Polizist zu werden. Tolle Autos, moderne Technik und die besonders im Fernsehen gezeigten Mitarbeiter, z. B. des SEK oder MEK (Mobiles Einsatzkommando), beeindrucken ihn. Es zählt zu den besonderen Aufgaben, Menschen zu beschützen und Rechtsbrechern das Handwerk zu legen. Behutsam muß er an diesen anspruchsvollen Beruf herangeführt werden. Dabei dürfen ihm die Schattenseiten dieser Tätigkeit nicht verschwiegen werden. Unregelmäßigkeiten im Tagesablauf, das Erleben dramatischer Vorkommnisse stellen nur einige Faktoren dar.

Auch das Anforderungsbild an einen guten Polizisten ist herauszustellen. Hohes fachliches und allgemeines Wissen, Unbestechlichkeit, Gerechtigkeit, Menschlichkeit, Kameradschaftlichkeit, Zielstrebigkeit usw. sind nur einige dieser Anforderungen.

Die gesamte Familie, in erster Linie du als Vater, muß hinter diesem Berufswunsch stehen. Ich glaube, dann wird der Junge einmal ein sehr guter Polizist werden.

Wir haben früher in Gesprächen mit Kindern, die den gleichen Wunsch wie dein Sohn hatten, erklärt, daß dieser Beruf als »Berufung« anzusehen und so zu verstehen ist. Polizisten haben für die Menschen da zu sein und nicht die Menschen für die Polizei.

Zusammenfassend würde ich deinem Sohn empfehlen, daß er sich für einen tollen Beruf entscheiden soll, wie es der des Polizisten ist. Die Lösung von eigenen Konflikten und die anderer Menschen stärken unglaublich die Persönlichkeit.

8. Lieber Klaus! Erzähle uns bitte ein paar deiner besten Witze!

Im Oktober 2009 war ich in Arnstadt Gast einer Gesprächsrunde zum Thema »Gibt es den geborenen Verbrecher?« Als ich an der Reihe war, begann ich meine Antwort mit einem Witz. Mit diesem möchte ich an dieser Stelle beginnen.

Vor vielen Jahren saßen sich in einem Zug in Amerika eine berüchtigte Taschendiebin und ein noch berüchtigter Taschendieb gegenüber. Ihre Finger steckten voller goldener Ringe, er trug eine mit Diamanten besetzte Taschenuhr an einer massiven Goldkette. Sie waren allein im Abteil, und nach kurzer Zeit rückte der Mann an die Seite der Frau, und sie begannen Zärtlichkeiten auszutauschen. Plötzlich griff er in Richtung Taschenuhr und hatte ihre Hand erwischt. Sie wollte ihm die Uhr stehlen. »Na, Kleene, wohl noch 'ne Anfängerin, was?« fragte er. Sie erklärte daraufhin, das erste Mal erwischt worden zu sein. »Schau mal auf deine Hand!« forderte er nun. Zu ihrem Schrecken sah sie, daß alle Ringe wegwaren. In diesem Augenblick öffnete der Meisterdieb seine Hand, in der sich der gesamte Schmuck befand. »Ich habe Gefallen an dir gefunden«, sagte er daraufhin, »wir werden heiraten und sollten wir einen Sohn bekommen, bilden wir ihn zum König der Taschendiebe von Amerika aus.«

Und sie bekommen den Sohn, aber leider mit einer verkrüppelten rechten Hand. Das mit dem König der Taschendiebe war vorbei. Eines Tages saß der Meisterdieb vor der Wiege, nahm seine goldene Taschenuhr und ließ sie vor den Augen seines Sohnes hin- und herpendeln. Das Kind verfolgte die schwingende Uhr, und wie durch ein Wunder öffnete sich die verkrüppelte Hand. Der kleine Finger, der Ringfinger, der Mittelfinger, der Zeigefinger und der Daumen schnellten nach oben. Die Hand war offen, und was lag drin? Der Ring der Hebamme!

Ich weiß, daß die Geburtshelfer keine Ringe tragen dürfen, deshalb ist es ja auch ein Witz. Aber die Frage nach dem geborenen Verbrecher war zum Teil beantwortet. Es bleibt dabei, der Entstehungsmechanismus des Verbrechens ergibt sich aus dem Zusammenhang zwischen kriminellem Wunsch und persönlicher Hemmschwelle. Ist letztere entsprechend hoch, wird der kriminelle Wunsch keine Erfüllung finden.

Da mein Berufsstand des öfteren zum Gegenstand zahlreicher Witze, der sogenannten Polizistenwitze, wurde, möchte ich mit solchen fortfahren.

Zwei Polizisten laufen nachts durch die Stadt Streife. Sagt der eine zum anderen: »Wenn wir heute wieder keine Ordnungswidrigkeit feststellen, kriegen wir mit dem Chef Ärger!« »Es ist doch alles ruhig. Was sollen wir denn machen?« fragt darauf der andere. »Sei mal still!« forderte der erste. »Hörst du das?« Jemand sang aus vollen Halse »Heut' ist der schönste Tag in meinem Leben«. »Den schnappen wir uns wegen ruhestörenden Lärms!« Beide Polizisten versteckten sich hinter einem Busch, und als der nächtliche Sänger vorbeitaumelte, sprangen sie heraus. Einer der Wachtmeister ergriff ihn in Schulterhöhe und stellte dabei fest, daß der Mann ein Messer im Rücken stecken hatte. »Was ist das? Sie haben ein Messer im Rücken stecken und singen noch ›Heut ist der schönste Tag in meinem Leben‹?« Antwort: »Wenn ich Hilfe gerufen hätte, wärt ihr zwei Pfeifen doch nicht gekommen!«

Wachtmeister Meier stellt einen Einbrecher, nachdem er ihn zirka 1000 Meter verfolgt hat. Der Ganove ergibt sich scheinbar in sein Schicksal. »In Ordnung, Herr Polizeichef, Sie haben gewonnen. Ich bitte Sie nur, daß ich noch meine Mütze holen darf, die ich zirka 200 Meter von hier verloren habe.« »Diesen Trick kenne ich«, sagt darauf der Wachtmeister, »Sie bleiben schön hier stehen, die Mütze hole ich!«

Auf einem Jahrmarkt werden demjenigen 200 Euro geboten, der einen Elefanten zum Lachen, zum Weinen und zum Weglaufen bringen kann. Niemand war dazu in der Lage. Dann kam ein Polizist und räumte die 200 Euro ab. Der Elefant lachte, weinte und rannte schließlich weg, als der Gesetzeshüter ihm etwas ins Ohr geflüstert hatte. »Wie haben Sie denn das geschafft?« wollte der Elefantenbesitzer wissen. Der Polizist antwortete: »Zuerst habe ich ihm gesagt, daß ich bei der Polizei bin. Da hat er gelacht! Dann sagte ich ihm, was ich monatlich verdiene. Da hat er geweint! Und als ich ihm sagte, daß wir noch Leute bräuchten, ist er abgehauen.«

Nun noch zwei meiner persönlichen Lieblingswitze, wobei ich viele Lieblingswitze habe.

Die Enkeltochter sagt: »Opi, wenn du mal stirbst, spielt die Feuerwehrkapelle.« Die Mutter: »Bist du still! Das soll doch eine Überraschung werden!«

Lehrer Pfeiffer (mit drei f) erzählte mir, daß er vor vier Wochen 40jähriges Schuldienstjubiläum hatte. Niemand in der Schule gratulierte ihm. Nach dem Unterrichtsschluß war es die Sekretärin, die ihn umarmte und zum Jubiläum gratulierte. Sie lud ihn für den Nachmittag in ihre Wohnung zum Kaffee ein. Als er dort mit der recht attraktiven Frau auf dem Sofa saß, empfand er zuneigende Gefühle. Bei einem Glas Sekt tranken sie Brüderschaft und tauschten den dazugehörigen Kuß sehr innig aus. Dann sagte sie: »Ich gehe jetzt ins Schlafzimmer, und wenn ich dreimal klatsche, kannst du reinkommen.« In höchster Erregung stand er im Wohnzimmer. Dann klatschte es dreimal im Schlafzimmer. Er öffnete die Tür, ging hinein, und im

Raum standen alle Lehrerinnen und Lehrer der Schule, um ihn zu ehren. »Na, da warst du bestimmt von den Socken?« fragte ich. Er antwortete kleinlaut: »Das war das einzige, was ich noch anhatte.«

Ich danke meinem Freund, dem Kriminaloberrat a. D. Klaus Dalski, für das Gespräch.

Anfragen an den Autor bezüglich Buchlesungen, Vorträge etc. bitte an info@verlag-kirchschlager.de.

Danksagung

Zum Schluß möchte ich allen meinen früheren Mitarbeiterinnen und Mitarbeitern Dank sagen, insbesondere den Leitern der Dezernate und der Spezialkommissionen. Den Leiter der MUK Peter Schilling möchte ich besonders hervorheben. Gleichzeitig gilt mein Dank seinem Sohn und seiner Ehefrau Carmen, die ihn animiert haben, mich zu unterstützen.

Nicht vergessen werden darf die Arbeit der Gerichtsmediziner. Hier insbesondere die von Frau Prof. Dr. Christiane Kerde.

Ein großes Dankeschön möchte ich dem Verleger Michael Kirchschlager sagen, der mir kameradschaftlich helfend in allen Phasen der Bucherarbeitung zur Seite stand.

Herrn Wolfgang Krüger gebührt Dank für die kritische Durchsicht des Manuskriptes.

Natürlich möchte ich auch meiner lieben Frau Doris danken, die mir in all den Dienstjahren den Rücken freihielt, so daß ich meiner Arbeit ohne zusätzliche Belastungen nachgehen konnte. Das betraf in erster Linie die Erziehung unserer zwei Söhne.

Klaus Dalski, im Juli 2011

Klaus Dalski (links) mit einem sowjetischen Kriminalisten (Mitte) und Georg Denstedt. Der sowjetische Oberst der K besuchte den Bezirk Erfurt und sammelte Erfahrungen. Er war erstaunt, daß es in der DDR keine Bandenkriminalität gab. In der Sowjetunion trieben bewaffnete Banden mit bis zu 100 Mann ihr Unwesen. Foto von 1984

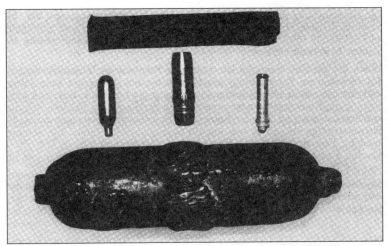

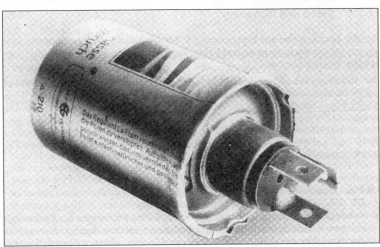

Beispiele selbstgefertigter Sprengkörper.

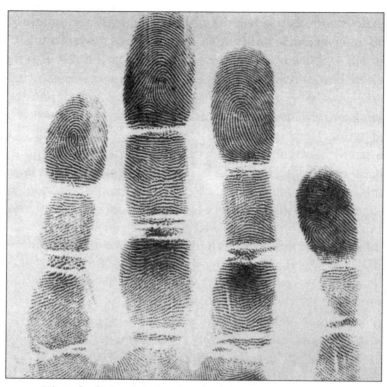

Die Daktyloskopie ist ein kriminalistisches Verfahren zur Identifizierung von Menschen auf der Grundlage der Abdrücke von Papillarleisten der Finger, Handflächen, Zehen und Fußsohlen. Sie wird seit Jahrzehnten mit Erfolg angewandt und dient im Strafverfahren zur Beweisführung. Hier im Bild sind deutlich die Längenunterschiede der Finger einer rechten Hand zu sehen.

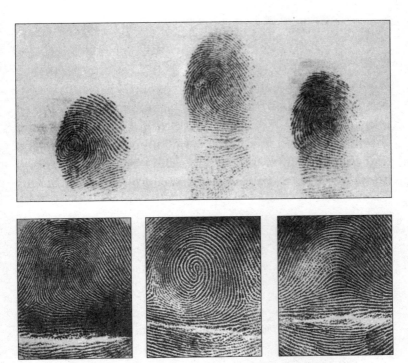

Schlingenmuster, Wirbelmuster und Bogenmuster

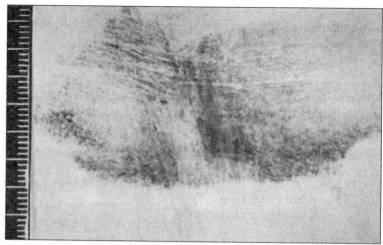

Beim Durchsehen durch eine Fensterscheibe verursachter Abdruck von der Stirn. Unter Umständen kann die Form der Stirn (gerade, gewölbt, zurückweichend) bestimmt werden. Weiterhin sind bei ausgeprägten Spuren u. a. Aussagen über die Anzahl, Form und Abstände der Falten möglich.

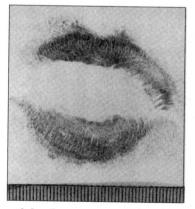 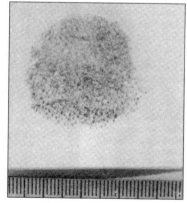

Abdruckspuren von der Ober- und Unterlippe und Abdruckspur vom Kinn. Die schwarzen Punkte stellen Bartstoppeln dar.

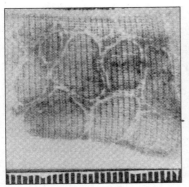

Abdruckspur von einem Wirkhandschuh mit Prägematerial

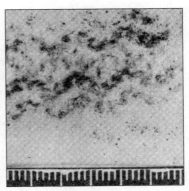

Abdruckspur von einem Strickhandschuh

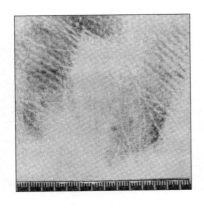

Abdruckspur von einem Vollederhandschuh, bei dem sich die Struktur des Textilfutters durch das Leder abbildete

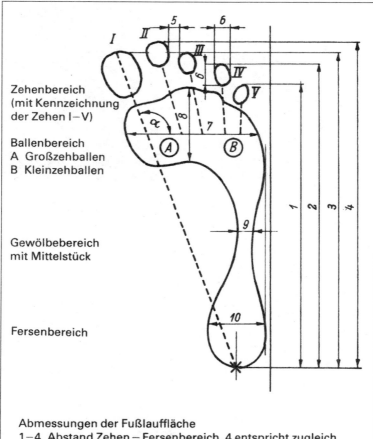

Abmessungen der Fußlauffläche
1–4 Abstand Zehen – Fersenbereich, 4 entspricht zugleich
    der Gesamtlänge des Abdruckes
5 Abstand der Zehenauftrittsflächen (zwischen 2. und 3. Zehen)
6 Zehenauftrittsfläche, Länge und Breite
7 Breite der Ballenauftrittsfläche
8 Länge der Ballenauftrittsfläche
9 Breite der Auftrittsfläche vom Mittelstück
10 Breite der Fersenauftrittsfläche
α Winkel zwischen Großzehe und Ballenlinie

Möglichkeiten der meßtechnischen Auswertung einer Fußspur.

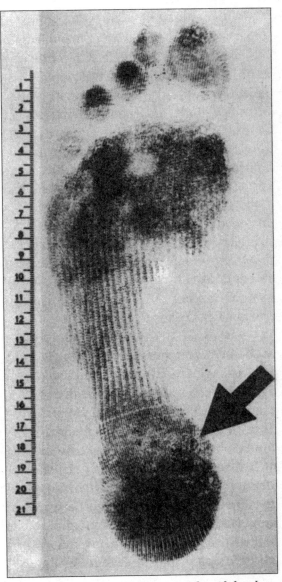

*Mit einem bestimmten Fuß verursachte Abdruckspur.
Die Pfeilmarkierung weist auf eine widergespiegelte Stopfstelle
im Fersenbereich hin.*

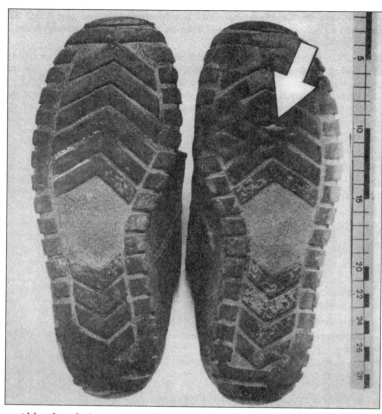

Ablauferscheinungen und Sohlenbeschädigung (Pfeilmarkierung) in der Mitte des Ballenbereiches vom linken Schuh weisen auf einen Spreizfuß des Trägers der Schuhe hin. Eine Faustregel besagt, daß die Fußlänge des Menschen etwa einem Siebentel seiner Körpergröße entspricht.

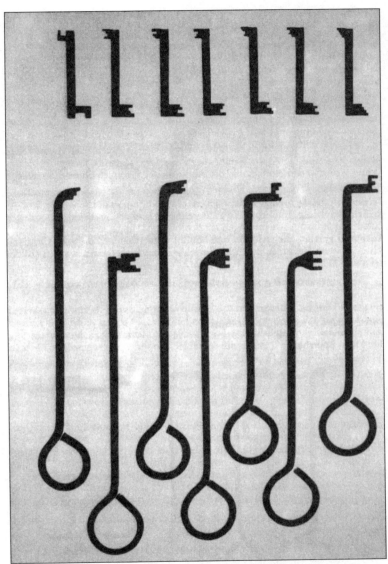

Mit Sperrzeug werden alle schloßfremden Schließwerkzeuge wie Sperrhaken, Dietriche und Taster bezeichnet. Die Abbildung zeigt Dietriche für Chubbschlösser.

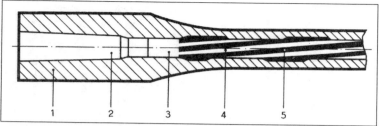

Die Ballistik ist die Lehre von der Bewegung geworfener bzw. verschossener Körper. Sie beinhaltet die Untersuchung der Geschoßbewegung und der Ursachen, die diese Bewegung hervorrufen und beeinflussen. Schnitt durch einen gezogenen Lauf. 1 – Laufwandung, 2 – Patronenlager, 3 – Übergangsteil, 4 – Feld, 5 – Zug

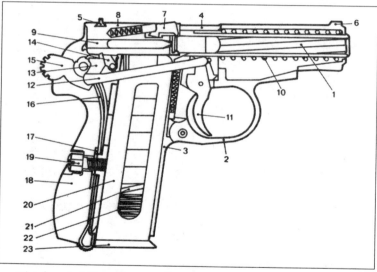

Pistolen sind Faustfeuerwaffen, deren Lauf, im Unterschied zum Revolver, ein Patronenlager besitzt (das Patronenlager ist der hintere Teil des Laufes. Teile einer Selbstladepistole. 1 – Lauf, 2 – Abzugsbügel, 3 – Griffstück, 4 – Verschluß, 5 – Visier, 6 – Korn, 7 – Auszieher, 8 – Kammer mit Stoßboden (Kammerstirnwand), 9 – Schlagbolzen, 10 – Schließfeder, 11 – Abzug, 12 – Abzugsstange, 13 – Unterbrecher, 14 – Abzugshebel, 15 – Schlagstück, 16 – Schlagfeder, 17 – Federklemme, 18 – Griffschale, 19 – Griffschalenschraube, 20 – Magazingehäuse, 21 – Zubringer, 22 – Zubringerfeder, 23 – Magazinboden

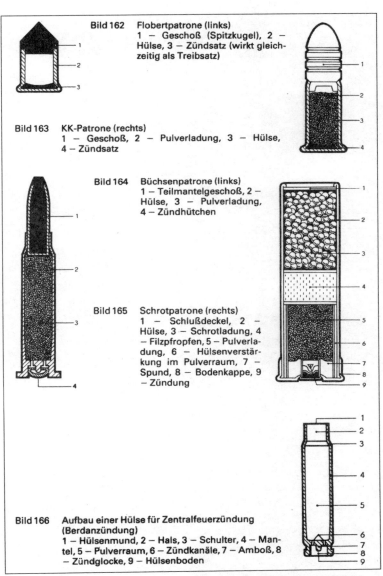

Unterschiedliche Patronenhülsen. Aus: *Materielle Beweismittel unter besonderer Berücksichtigung kriminalistischer Spuren. Teil 1.* Herausgegeben von einem Autorenkollektiv unter der Leitung von Oberstleutnant der K Diplomkriminalist Horst Nachtigall, Berlin 1986, S. 275.

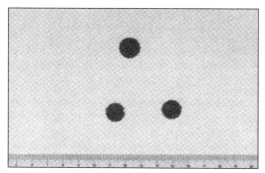

Tropfer, Fallhöhe 50 cm, Pappunterlage waagerecht

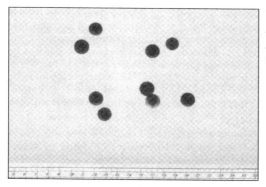

Tropfer, Fallhöhe 50 cm, Fliese waagerecht

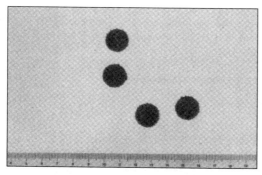

Tropfer, Fallhöhe 150 cm, Pappunterlage waagerecht

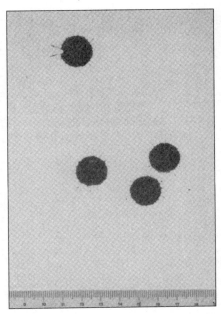

*Tropfer,
Fallhöhe 200 cm,
Pappunterlage
waagerecht*

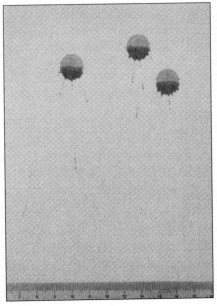

*Tropfer, Fallhöhe 150 cm,
Pappunterlage
in einem Winkel von 30°
(»Bärentatzen«)*

a) Der Unfall – er hatte Sachschaden zur Folge – geschah in der Turmstr. b) Der Unfall in der Turmstr. hatte Sachschaden zur Folge	Gemischte Schrift: a) deutsch-lateinisch b) Druckschrift – lateinisch
a) Der Unfall in der Turm- straße hatte Sachschaden zur Folge. b) Der Unfall in der Turmstraße hatte Sachschaden zur Folge Der Kraftfahrer hatte an der	Unterschiedliche Schreibgeschwindigkeit: a) schnell und flüchtig b) betont langsam und sorgfältig
a) Der Unfall in der Turmstraße hatte Sachschaden zur Folge. b) Der Unfall in der Turmstraße hatte Sachschaden zur Folge. c) Der Unfall in der Turmstraße hatte Sachschaden zur Folge.	Verschiedene Schriftlagen a) nach rechts geneigt b) nach links geneigt c) steile Schrift
a) Der Unfall in der Turmstraße hatte Sachschaden zur Folge. Der Kraftfahrer b) Der Unfall in der Turmstraße hatte Sachschaden zur Folge. Der Kraftfahrer hatte an der Kreuzung die Vorfahrt c) Der Unfall in der Turmstraße hatte	Schriftgröße, sie wird an den Kurzbuchstaben z. B. i, m, n, u gemessen a) normal, 2 bis 6 Millimeter b) sehr klein, unter 2 Millimeter c) groß, über 6 Millimeter
a) 2,9 cm / 2,0 b) 2,0 / 1,0 cm in dem Rennen in den in dem Rennen in den Straßen und Wegen der kleinen Ansiedlung	Schriftweite, sie wird an den Abstrichen der einzelnen Buchstabenelemente, speziell bei den Kurzbuchstaben m und n gemessen a) weite Schrift, sie dehnt sich aus b) enge Schrift, sie wird zusammengedrückt

Abdruck des Originalstempels   Abdruck des gefälschten
                                      Stempels der aus Druckkasten-
                                      typen hergestellt wurde

 Abdruck des
Originalsiegels
(links)

Handgezeichnete
Nachahmung des
Siegels (rechts)

Die persönlichen Fotos stammen aus der Sammlung von Klaus Dalski. Die kriminaltechnischen Abbildungen wurden entnommen aus: Materielle Beweismittel unter besonderer Berücksichtigung kriminalistischer Spuren. Teil 1. Herausgegeben von einem Autorenkollektiv unter der Leitung von Oberstleutnant der K Diplomkriminalist Horst Nachtigall, Berlin 1986.

Für das Cover wurden zwei Fotos von Helmut Scholz (Weimar) verwendet (Zwiebelmarkt 1974, Stadtarchiv Weimar 63 2-34/6).

Weitere lieferbare Buchtitel

Klaus Dalski
**Der Kopf in der Ilm.
Ein Thüringer Kriminalist erzählt**

Hardcover, Leseband
208 Seiten
Preis: 14,80 Euro
ISBN 978-3-934277-29-8

Dieses Buch beruht auf tatsächlichen Geschehnissen. Wir folgen dem Kriminalisten Klaus Dalski an Tatorte voller Grauen, wir werden Zeugen bei Vernehmungen, sehen uns mit »Täterversionen« konfrontiert und müssen oftmals feststellen, daß Gerechtigkeit nur ein Traum ist. Klaus Dalski war während seiner Dienstzeit mit zahlreichen Mordfällen befaßt. Das Spektrum der beschriebenen Fälle reicht vom schrecklichen Kindesmord über das Zerstückeln einer widerspenstigen Geliebten und der »Verbringung« ihres Kopfes in die Ilm bis hin zum Gatten- und Raubmord.
In der Mehrzahl konnten die Kriminalisten die Mörder fassen, wie etwa den Kindesmörder von Nordhausen. Aber Klaus Dalski erzählt auch von einem ungelösten Fall, der mit den modernen Mitteln des DNA-Vergleiches heute gelöst werden könnte: dem Frauenmord von Sömmerda.
Nach der Lektüre dieses Buches wird aber eines ebenfalls nur allzu deutlich: Die Kriminalität hat sich nach der »Wende« rapide gewandelt. Änderungen in »Qualität« und »Quantität« sind unverkennbar.

Wolfgang Held
Mord in der Distel-Bar

Taschenbuch
204 Seiten
Preis: 9,90 Euro
ISBN 978-3-934277-33-5

In einer Sommernacht wird Hilde Reichelt, Mitbesitzerin der zwielichtigen Weimarer »Distel-Bar«, in ihrer Küche brutal ermordet. Mindestens ein dutzendmal sticht der Mörder wie besessen auf die Frau ein. Gehen die Männer der K um Hauptmann Seibt anfangs von einer Beziehungstat aus, müssen sie schnell erkennen, daß sie es mit einem Psychopathen zu tun haben. Und schlimmer noch: Der zu Brutalität und Grausamkeit neigende Täter könnte jederzeit wieder zuschlagen!
Der Kriminalroman »Mord in der Distel-Bar« entstand frei gestaltet und in Zusammenarbeit mit der örtlichen Abteilung K nach einem Gewaltverbrechen in der damaligen Weimarer Kleingartenanlage »An der eisernen Brücke« im Jahr 1964. Er erschien 1968 unter dem Titel »Der letzte Gast« im Verlag DAS NEUE BERLIN in einer einmaligen Taschenbuchausgabe.

Frank Esche und
Wolfgang Krüger
**Thüringer Mörderinnen
– Frauenschicksale
zwischen Liebe und
Schafott**

Hardcover, Fadenheftung
Leseband
240 Seiten, 43 Abbildungen
zahlreiche Vignetten
Preis: 19,90 Euro
ISBN 978-3-934277-28-1.

Die Motive der Thüringer Mörderinnen waren vielfältig. Sie mordeten aus Liebe, Haß, Rache oder Angst vor sozialem Abstieg und Armut. Die Giftmörderin Marie Sophie Göbner wurde 1860 mit dem Beil gerichtet, da sie haßerfüllt den unwilligen Heiratskandidaten mit Arsen ins Jenseits befördert hatte. Sie gab als Motiv neben Haß noch Eigennutz an. Nicht immer morden die Thüringerinnen jedoch allein. Katharina Horn überzeugte ihre beiden Söhne, daß der Vater im Weg war – sie strangulierten ihn. Häufig fanden sie sich als Mörderpärchen. Ja, die Thüringerinnen bildeten manchmal ganze Mördergruppen! Ihnen fielen Ehemänner, Schwiegerväter, Schwiegermütter zum Opfer. Sehr oft können wir das Strafmaß für die Mörderinnen nachvollziehen; es reicht von Zuchthaus bis zur Todesstrafe unter dem Fallbeil.

Michael Kirchschlager
**HISTORISCHE SERIENMÖRDER –
Menschliche Ungeheuer vom späten Mittelalter bis zum Ende des 19. Jahrhunderts**

Hardcover, Fadenheftung
Leseband
240 Seiten, 45 Abbildungen
zahlreiche Vignetten
Preis: 22 Euro
ISBN 978-3-934277-13-7

Mit Beiträgen von Stephan Harbort und Mark Benecke. Der Mensch ist der Spiegel des Menschen, sagt ein arabisches Sprichwort, und getreu dieses Grundsatzes macht die geschätzte Leserschaft in diesem 1. Band Bekanntschaft mit den furchtbarsten historischen Serienmördern aller Zeiten: der legendären Bean-Family, einem schottischen Kannibalenclan (1436), dem Kindesmörder Gilles de Rais (1440), Christman Gniperdoliga, dem tausendfachen Raubmörder (1581), der ungarischen »Blutgräfin« Elisabeth Báthory (1614), deren Leben auf der thüringischen Wartburg verfilmt wurde, den »Leichenhändlern« William Burke und William Hare (1829), Swiatek, dem Kinderfresser (1849), Helene Jegado, der Frau mit der weißen Leber (1852), Martin Dumollard, dem Werwolf von der Bresse (1860) u. v. m.

Leseproben bei: www.historische-serienmoerder.de

Steffen Grosser und Michael Kirchschlager
Runibergun – Vom Königreich der Thüringer

Hardcover, Fadenheftung
88 Seiten
ca. 40 Abbildungen
Preis: 14,80 Euro
ISBN 978-3-934277-27-4.

Ein prächtig illustrierter Text-Bild-Band für alle Generationen zum Thüringer Königreich, seinen Königen, Legenden, Sagen und seinem tragischen Untergang. Zahlreiche tolle Illustrationen in Farbe! Gleichzeitig »umrahmen« den Band um die heldenhaften Thüringer gestochen scharfe und mystische Farbfotos vom Opfermoor in Oberdorla.

Zu den interessantesten Kapiteln thüringischer Geschichte zählt zweifellos das kurze, aber bedeutende vom Königreich der Thüringer und seinem tragischen Untergang im Jahre 531. Um so erstaunlicher ist es, daß man in den Regalen der Buchhandlungen wenig oder gar nichts über diese für Thüringen so große Epoche findet. Das vorliegende Buch will einen kleinen Beitrag leisten, diese Lücke zu schließen. Der Untergang des Thüringerreiches hat schon bei Zeitgenossen tiefen Eindruck hinterlassen. Er fand seinen Niederschlag in der mittelalterlichen Heldensage und Geschichtsschreibung und wurde zu einem wichtigen Faktor thüringischer Identität.

**Besuchen Sie bitte für Ihre Bestellungen
unseren Shop
bei www.verlag-kirchschlager.de!**

Die meisten unserer Verlagsausgaben sind hochwertige, fadengeheftete Hardcoverbände in zumeist limitierter Auflage und in alter Rechtschreibung. Aus diesem Grund finden Sie uns auch nicht inmitten billiger Massenartikel oder in diversen Handelsketten. Bestimmte Titel können auch nur noch über unsere Internetseite bestellt werden. Ihre Online-Bestellung, die wir natürlich porto- und versandfrei ausliefern, hilft, uns in unserer klaren Vorstellung von einer Kultur des Buches zu unterstützen.

*Herzlichen Dank sagt
Ihre Familie Kirchschlager!*

Das Online-Magazin für
Kriminal- und Rechtsgeschichte

Im Interesse des Schutzes der Persönlichkeitsrechte der Opfer, Zeugen und Täter wurden die Namen der Beteiligten, einige Handlungsorte und Tatzeiten verfremdet.

IMPRESSUM

1. Auflage Arnstadt 2011
© für diese Ausgabe 2011 beim Verlag Kirchschlager, Arnstadt
Covergestaltung: Matthias Helbing, Weißensee,
und Nicole Laka, Hamburg
Layout: Nicole Laka, Hamburg
Druck und Bindung: PBtisk s. r. o., Příbram

Alle Rechte vorbehalten

ISBN 978-3-934277-37-3

Das Werk einschließlich aller seiner Teile ist urheberrechtlich geschützt. Jede Verwertung außerhalb der engen Grenzen des Urheberrechts ist ohne schriftliche Zustimmung des Verlages unzulässig und strafbar. Dies gilt insbesondere für Vervielfältigungen, Übersetzungen, Mikroverfilmungen und die digitale Speicherung und Verarbeitung.